रामकाव्य

सौरभ कुमार वैश्य

Copyright © Saurabh Kumar Vaish 2022
All Rights Reserved.

ISBN 979-8-88833-680-9

प्रस्तावना

मैं पिछले बीस सालों से मर्चेंट नेवी में कार्यरत हूं और अपने इस समय में मैंने बहुत कुछ देखा एवं अनुभव किया है। बहुत सारे किस्से एवं कहानियां हैं जो की मैं यूं ही वर्णित कर सकता हूं। ये सब हमारे जीवन के अनुभव का ही हिस्सा हैं। अपने काम से समय निकालकर मैं हिंदी कविता और शेरो शायरी पढ़ता हूं तथा थोड़ा बहुत लिखता हूं।

साथ ही मुझे सनातन धर्म से बहुत लगाव है और मैं बहुत सी पौराणिक कथाएं भी पढ़ता हूं। ये पुस्तक मेरा एक अदना सा प्रयास है रामायण जैसे महाकव्य को एक अलग रूप देने का। मैं किसी भी तरह अपने आप को इस कार्य के लायक नहीं समझता और निश्चय ही बहुत से लोग यह काम मुझसे कहीं बेहतर कर सकते हैं। परंतु जैसे मैंने कहा की ये मेरा प्रयास है और मैंने अपने विवेक के अनुसार भरपूर कोशिश की है। लगभग दो वर्षों की मेहनत के बाद मैं इस पुस्तक

को ये रूप दे पाया हुं। उम्मीद करता हूं की पढ़ने वालों तक मेरी बात पहुंच सके।

मैंने जितना हो सके इसको सरल हिंदी में लिखने की कोशिश की है जिससे की हर व्यक्ति इस को पढ़ पाए और समझ पाए।

मेरी मनोकामना है की सनातन धर्म पूरे विश्व में फैले और लोग इसको समझे एवम इसके महत्व को जानें। मैं रामायण को पौराणिक कथा नहीं मानता बल्कि मैं इसे अपने गौरवशाली इतिहास के रूप में देखता हूं। मेरी इच्छा है कि भगवान श्री राम के बारे में हर इंसान जाने और अपना आचरण सुधारने की कोशिश करे।

जय श्री राम

अंतर्वस्तु

बाल कांड

अवध पुरी राजा थे दशरथ
तीन लोक में ख्याति थी
सर्व धर्मों के ज्ञाता थे वो
प्रजा उनके गुण गाती थी
तीन रानियां थी राजा की
वो तीनों ही अनुचारी थी
चहुं ओर था मंगल ही बस
समेटे खुशियां सारी थी।

एक ही बस दुख था उनको
कोई वंश चलाने वाला हो
जिसको दे दूं अथाह प्रेम ये
कोई मुझको हंसाने वाला हो
गुरु वशिष्ठ ने उन्हें समझाया
राजन मन में धीर धरो
चार पुत्रों का योग बना है
तुम एक यज्ञ संपन्न करो।

राजा ने फिर यज्ञ करवाया
ऋषि मुनियों ने मंगल गाया
पुत्र प्राप्ति के प्रसाद को

तीनों रानियों में बंटवाया
समय ने अपना चक्र घुमाया
उस मंगल घड़ी का मुहूर्त आया
जब स्वयं प्रभु ने आना था
जानकर ये ब्रह्मांड हर्षाया।

चैत मास के शुक्ल पक्ष में
नवमी का पावन दिन था वो
करने सृष्टि का उद्धार जब
हरि ने मानव जन्म लिया
तीनों लोक में खुशी दौड़ गई
देवों ने गुणगान किया
आसमान ने बजा नगाड़े
जम के मंगल नाद किया।

प्रभु को देखने परिजन आए
अति विशिष्ट अतिथिगण आए
दुनिया भर से मुनिवर आए
देव थे बैठे टकटकी लगाए
ब्रह्म आनंद में सब मगन थे
था पुष्पों से आकाश भरा

ऐसा दूजा जश्न ना कोई
मस्ती में थी ये सारी धरा।

झूम उठा सारा जग ऐसे

जैसे मिल गए सुख के धाम

राम भरत लक्ष्मण शत्रुघ्न

रखे चारो पुत्रों के नाम

लक्ष्मण ने सदा राम को माना

जोड़ा उनसे ताना बाना

भरत शत्रुघ्न में प्रीत थी गहरी

जिंदगी हो गई सबकी सुनहरी।

ऋषि विश्वा रहते थे वन में

नित दिन वो यज्ञ करते थे

मारीच सुबाहु और अन्य दैत्य

हर दम तप भंग करते थे

विश्वामित्र लगे सोचने

इनका अंत समय अब आया है

ऐसे पापियों से मुक्त कराने

प्रभु ने मानव रूप ये पाया है।

जा पहुंचे वो दशरथ के दर पे
राजा ने ढेरों सत्कार किए
मुनि चरणों में शीश नवाकर
सारे भंडार वार दिए
फिर आने का प्रयोजन पूछा
और साथ में ये वचन सुनाया
जो भी इच्छा हो मुनिवर की
समझ लो उसको पूरा पाया।

बोले मुनिवर,
राजन मैं हूं बहुत सताया
दानवों ने है कहर बरपाया
सब ऋषि मुनि हैं बहुत हताष
इस कर मैं तेरे दर पे आया
छुटकारा हमें दिलाने को
कष्टों से पार लगाने को
राम लखन संग मेरे भेजो
उन दुष्टों को हराने को।

ये सुन दशरथ सोच में पड़ गए
फिर विश्वा को ये कथन सुनाया
ये सारी दौलत मांग लो चाहे

मांग लो मेरे प्राण और काया

वो दैत्य दानव और निशिचर

और कहां सुकोमल से मेरे ये वर

ये कदापि न हो पाएगा

क्षमा प्रार्थी हूं मैं मुनिवर।

तब ऋषि वशिष्ठ ने उन्हें समझाया

राजा का कर्तव्य याद दिलाया

पुत्र प्रेम का मार्ग छोड़कर

राज धर्म का मार्ग दिखाया

राम लखन को पास बुलाकर

विश्वा के संग भेजा वन में

एक नई बहार की आहट थी ये

आने को आतुर था कोई जीवन में।

ऋषि आश्रम में पहुंचे राम

कर दिए पूरण सारे काम

सब दैत्यों को मार गिराया

मारीच को समुद्र तट पहुंचाया

हो गया सबका बेड़ा पार

होने लगी फिर जय जय कार

मुनियों और देवों ने स्तुति गाई
जय जय जय जय राम रघुराई।

राम लखन फिर वन वन घूमे

जहां भी जाएं ये सृष्टि झूमे

धन्य हुए सब नर नारी

स्पर्श किया तो अहिल्या तारी

फिर जा पहुंचे जनक की नगरी

आयोजन था सीता स्वयंवर का

इनको भी आमंत्रण भिजवाया

मंगल मुहूर्त था राम विवाह का।

जनक ने ये एलान कराया

सबको इस कारण बुलवाया

मेरी पुत्री है हुई सयानी

इसका विवाह करने की ठानी

जो शर्त को मेरी पूर्ण करेगा

वो सीता का हृदय हरेगा

वरमाला उसके गले सजेगी

वो जानकी का वर बनेगा।

ये धरती आकाश सुने

ये स्वर्ग और पाताल सुने

समग्र सृष्टि के वीर बांकुरे

ये सारा संसार सुने

महादेव के इस धनुष को

तोड़ कोई जो पाएगा

तीन लोक का गौरव उसका

और सीता को पा जाएगा।

यह वाणी सुन सब राजा ललचाए

यूं अपनी किस्मत पर इठलाए

अपने बाहु के मद में चूर

सब अपनी बाजू फड़काएं

पर कोई वीर उठा ना पाए

उठा तो क्या हिला ना पाए

लज्जित होकर नजर बचाकर

जा बैठे वो सर को झुकाए।

सब वीरों की यह हालत देख

बोले जनक रोष में आकर

क्या धरती पर कोई नहीं है ऐसा

जो इस धनुष पर तीर चढ़ाए
हाय! क्यों मैंने ये प्रण लिया
अब कन्या ना ब्याही जायेगी
तीन लोक में कोई न जिससे
शर्त ये पूरी हो पाएगी।

ये सुन लक्ष्मण क्रोध में आए
आंखों में शोले जल आए
राम चरणों में शीश नवाकर
भरी सभा में ये वचन सुनाए
यदि आज्ञा दें प्रभु तो
कुछ रघुवंशी आन बचाऊं
इस बाहुबल का एक नमूना
जनक सभा में दिखलाऊं।

इस ब्रह्मांड को गेंद बना लूं
सुमेरू पर्वत को यूं ही उठा लूं
इस प्राचीन शिव धनुष पर
दो पल में ही तीर चढ़ा लूं
कसम आपके श्री चरणों की
यह सौगंध उठाता हूं

जो ये न कर पाया तो
धनुष बाण ठुकराता हूं।

लक्ष्मण जी का रौद्र देख कर

ये धरती डग मग डग मग डोली

सारी दिशाएं कांप उठी और

कांप उठी देवों की टोली

सारी सभा सन्न हो गई

सबको ये भय सताता था

जाने अब आगे क्या होगा

जाने आगे क्या आता था।

विश्वा बोले प्रभु राम से

शुभ संयोग बन आया है

उठो राम ये धनुष तोड़ो अब

समय सीता मिलन का आया है

देवता भी आतुर हैं बैठे

पुष्पों की वर्षा करने को

इन आंखों का नीर सूख गया

दर्शन सिया राम के करने को।

गुरु की आज्ञा सर आंखों पर
राम ने उनको शीश नवाया
लिया गुरु से आशीर्वाद और
मंच की ओर कदम बढ़ाया
पितरों को पहले याद किया
फिर देवों का आह्वान किया
क्षमा याचना की शिवजी से
फिर धनुष को प्रणाम किया।

उठा लिया फिर शिव धनुष को
जैसे वो कोई खेल है
तीनों लोक में प्रभु राम का
वैसे भी क्या मेल है
धनुष उठाकर खींचा पल में
दो टुकड़ों में कर डाला
और जय श्री राम के जय कारे ने
पूरा विश्व हिला डाला।

देवलोक के देवों ने भी
श्री राम का जयकार किया
पुष्प चढ़ाएं मंगल गाए

अपना सब कुछ वार दिया
ऋषियों मुनियों ने भी अपने
तप के सारे पुण्य लुटाए
धरती के सारे जीव जंतु बस
श्री राम पर बलिहारी जाएं।

ऋषियों की फिर आज्ञा पाकर
सीता ने अपने कदम बढ़ाए
राम छवि को मन में भर लूं
पर वो मन ही मन सकुचाएं
कर कमलों में जय माला ले
जा पहुंची वो राम के पास
गले में वरमाला डाल दी
हुई पूरण सबके मन की आस।

गंधर्वों ने मंगल गाया
अप्सराओं ने नृत्य दिखलाया
देवलोक की सारी शान
हुई इस दृश्य पर कुर्बान
सिया राम की छवि देख कर
एक उल्लास से मन भर जाता है

जैसे मरू भूमि में व्याकुल मन को
शबनम का टुकड़ा मिल जाता है।

राम विवाह और धनुष भंग का
उनको भी समाचार मिला
प्रकट हुए परशुराम वहां पर
चेहरा जैसे क्रोध शिला
माथे पर त्रिपुंड सजा था
पूरे तन पर भस्म रमी
फरसा था पकड़ा हाथों में
देख के सारी सभा थमी।

परशुराम का वेश देख कर
मन में सबके भय भर आया
जनक जी ने शीश नवाकर
उनको आदर सहित बिठाया
विश्वामित्र मिले परशु से
शिष्यों से सत्कार कराया
प्रभु ने फिर हाथ जोड़कर
अपना परिचय करवाया।

तभी धनुष के टुकड़े नजर में आए

परशुराम रोष में आए

आंखों में भर के क्रोध की ज्वाला

मिथिला नरेश पर बरसाए

किस मूरख ने यह काम किया है

शिव धनुष का ये अंजाम किया है

है ऐसा कौन वो मायावी

जिसने यह दुष्काम किया है।

तोड़ सके जो शिव धनुष को

वो सामर्थ्य नहीं किसी मनुष को

मित्र नहीं शत्रु है मेरा

भीषण क्रोध ने परशु को घेरा

बोले षष्ठ अवतार गरजाकर

जो भी हो वो सामने आए

इस दुस्साहस का पाए फल

आकर काल को गले लगाए।

तोड़ सके जो शिव धनुष को

यह सब सुन लक्ष्मण मुस्काए

उनको फिर यह वचन सुनाए

जाने कितने धनुष हैं तोड़े

सहस्त्रों तीर हैं हमने छोड़े
इसमें ऐसी भी क्या बात है
जो हुआ हृदय पर यूं आघात है
बोले परशु क्रोध में तनकर
होश में आ बालक जरा क्षणभर।

विश्व विख्यात शिव धनुष ये है
सारे धनुषों में उत्कृष्ट ये है
क्या तुझको नहीं है कुछ भी ज्ञान
मेरे स्वभाव से है तू अनजान
मैं न एक ऋषि हुं केवल
ये फरसा है मेरी पहचान
ब्रह्मचारी और क्रोधी हुं
क्षत्रियों का परम विरोधी हुं।

कितनी बार इस धरती पर
राजाओं को मार गिराया
सारा बल और राज पाट
ब्राह्मणों को दिलवाया
इस फरसे से है विश्व थर्राया
सहस्त्रबाहु को मार गिराया

यूं न कर तू हठ प्रखर
अपने कुल का ध्यान तू धर।

लक्ष्मण प्रेम पूर्वक बोले
मुनिवर आप बड़े हैं भोले
खुद को कहते महावीर हैं
पर मेरे तरकश में भी तीर हैं
मैं वो योद्धा नहीं जो डर जाऊं
ऐसी बातों से घबराऊं
आप तपस्वी और ज्ञाता हैं
जिनपे क्रोध तनिक नहीं आता है।

देवता हो ब्राह्मण हो
हो भक्त जन या हो गाय
कहती है यह रघुकुल रीत
इनपे कभी न शस्त्र उठाए
परम मोक्ष का द्वार यही हैं
इनकी सेवा स्वर्ग दिलवाए
इनको मारे तो पाप का भागी
ऐसे कुकर्म से राम बचाए।

परशु बोले,
तुझको कुछ भी संज्ञान नहीं है
बल और बुद्धि का ज्ञान नहीं है
विवेक से कुछ काम ले
इस उद्दंड जिव्हा को थाम ले
मैं तेरा काल हुं तेरे समक्ष हुं
महाकाल का स्वयं प्रत्यक्ष हुं
इक पल में मुझमें समा जाएगा
इस मूर्खता से तू क्या पाएगा।

है विश्वा मुझको दोष ना देना
इसको अब तुम ही कुछ कहना
मेरे तप और ज्ञान का बल
तुम ही इसको समझाओ
मेरे शौर्य और साहस का
वर्णन इसको कर जाओ
अपने नादान शिष्य को
जरा तुम थोड़ा होश में लाओ।

हे मुनि वर खुद से खुद का यश
खुद आप ही कर पाएंगे

खुद की तारीफ़ों के पुल
किसी अन्य से ना बांधें जायेंगे
शूरवीर के शस्त्र ही केवल
उसकी असली शोभा हैं
जो नित केवल प्रलाप करे
जाने वो कैसा योद्धा है।

उठा के फरसा परशु बोले
जय बम भोले जय बम भोले
अब इसमें मेरा दोष नही है
इस बालक को होश नहीं है
किंचित भर भी ज्ञान नहीं है
ऋषियों का कुछ मान नहीं है
अपने पथ से भरमाया है
इसका अंत समय अब आया है।

लक्ष्मण बोले समझ के मुनिवर
संभालें हुं मैं अपने तेवर
पर अब और ना हो पाएगा
जो होगा युद्ध में देखा जाएगा
शायद टकराया नहीं बलवान कोई
आपके इस फरसे से

मेरी भुजाएं फड़क रही हैं
जाने कितने अरसे से।

उस क्षण उनको राम ने टोका
आगे कुछ कहने से रोका
फिर हाथ जोड़कर शांत भाव से
परशुराम से वो ये बोले
कृपा करो बालक पे नाथ
यह हठी और अज्ञानी है
चला आपसे युद्ध है करने
क्या आपका कोई सानी है।

यह लक्ष्मण नहीं है भोला भाला
तन से गोरा मन से काला
बातों में विष घुला हो जैसे
अपशब्दों पे तुला हो जैसे
ना तुमसी कोई शीतलता है
ना ही कोई प्रेम भाव है
मैं साक्षात काल हुं इसका
इसमें समझ का बहुत अभाव है।

बोले लक्ष्मण सुनिए ऋषिवर
क्रोध ही है नाश का तरुवर
क्रोध से बढ़कर पाप न कोई
ये ही सब पापों का सरोवर
सेवक की त्रुटि माफ कीजिए
अपने रोष का त्याग कीजिए
और इस धनुष को जुड़वाने का
कोई उचित इंतजाम कीजिए।

जोड़कर अपने दोनो हाथ
राम ने की फिर उनसे बात
आप सब वेदों के ज्ञाता हैं
खुद ही परम विधाता हैं
इस बालक पर ना ध्यान दीजिए
इसका अपराध माफ कीजिए
अपने किए पर पछताएगा
जब आपको समझ जाएगा।

मैंने ये अपराध किया है
शिव धनुष का नाश किया है
मेरा ही ये सब दोष है

इन हाथों ने ये पाप किया है

इस क्रोध का केवल में हुं भागी

मेरा अनुज है केवल अनुरागी

आप मुझको अपना कथन सुनाएं

जो भी दंड हो मुझे बताएं।

मेरा मन हैं बड़ा अधीर

इसको भेदे शब्दों के तीर

यह जो मेरा फरसा है

ये न बरसों से बरसा है

तूने शिव धनुष का नाश किया है

और मेरा उपहास किया है

तुम दोनो भाई बड़े कुटिल हो

राजनीति के बड़े जटिल हो।

एक तो मुझको ललकारे

दूजा आए हाथ पसारे

शिव द्रोही को न माफ करूंगा

आज अभी इंसाफ करूंगा

शस्त्र उठाओ रण में आओ

अपना बाहुबल दिखलाओ

जो भी तुम बातें हो कहते
वो सब पूरण कर दिखलाओ।

हे मुनिवर तनिक धीरज धारिए

अपना विवेक यूं न हरिए

मैं आपके चरणों का दास हुं

जैसे चाहे दंडित करिए

मैं तो केवल सेवक हुं बस

युद्ध कैसे कर पाऊंगा

अपने स्वामी के सामने

यह शस्त्र कैसे उठाऊंगा।

आपके आगे नतमस्तक हैं हम

और नतमस्तक ये सभा तमाम

मैं तो राम हुं अदना सा नर

और आप हैं परम पूज्य परशुराम।

क्रोधित होकर बोले तन कर

बार बार मुझे कहे मुनिवर

समझे मुझको एक निरा ब्राह्मण

पाट दिए मैंने कितने ही रण

सहस्त्रों राजाओं की बलि चढ़ाई

कितनी ही सेना मार गिराई

इस धरती की सारी शान - ओ - शौकत

ऋषियों मुनियों को दिलवाई।

मुनिवर करिए कुछ सोच विचार

तब दीजिए इन बातों को आधार

मेरी छोटी भूल के आगे

भीषण आपके क्रोध का आधार

ये धनुष बहुत पुराना था

छूते ही स्वयं हो गया खंडित

इसमें क्या जो गर्व करूं

क्षमा प्रार्थी हुं मैं किंचित।

महाकाल के सेवक हो और

श्री विष्णु के अवतारी हो

आप अकेले जहां खड़े हों

सारी सृष्टि पे भारी हो

पर रघुकुल का खून है मुझमें

तनिक नहीं घबराता हुं
हो दैत्य दानव या कोई योद्धा
पीठ नहीं दिखलाता हुं
रण दुदुंभी के बजते ही
एक कौंध सी भर जाती है
अपने कुल का मान बचाने
स्वयं काल से भिड़ जाता हुं।

सुनकर प्रभु के वचन निराले
खुल गए सारे अक्ल के ताले
हाथ जोड़कर शीश नवाकर
खुद को किया राम हवाले
जय हो राम जय हो देवा
तेरे चरणों में मेरी सेवा
दुखियों का सारा दुख हो हरते
सब जीवों की रक्षा करते।

खुद महादेव के अधिदेव हो
किस मुंह करूं जयकार तुम्हारी
कह दी अनर्थक बातें कितनी
मेरी मति गई थी मारी
रघुकुल के गौरव हो तुम

तुम मर्यादा पुरुषोत्तम हो
इस समग्र संसार में केवल
तुम ही सबसे उत्तम हो।

परशु लौटे तप की ओर
सभा हो गई भाव विभोर
लौटा हर्ष फिर एक बार
हुई राम नाम की जै जै कार
सीता की मुस्कान भी लौटी
लौटा सबका वो उल्लास
दूर हुई सब भय दशा वो
सबने ली फिर सुख की सांस।

राजा दशरथ को संदेसा भेजा
बारात सहित बुलावा भेजा
राम हुए हैं जमाई हमारे
समधी को ये न्योता भेजा
धूम धाम से हुआ विवाह
सब जीवों ने आनंद लिया
ऋषियों मुनियों और देवों ने
अमृत सुख का पान किया।

जग पटरानी सीता माता
शरमाते मंडप में आई
सोलह श्रृंगार तन पे धारे
मन में बसे राम रघुराई
सकुचाते से शरमाते से
नजरें उठा के राम को देखा
जानकी जी जनक की पुत्री
एक पल में ही हुई पराई।

जनक ने चारो पुत्रियों को
यूं अयोध्या के नाम किया
एक मंडप में एक साथ
सबका कन्यादान किया
जानकी रघुराया के संग
और मांडवी भारत के संग
उर्मिला को मिल गए लक्ष्मण
और श्रुत्कीर्ति को शत्रुघ्न।

अयोध्या काण्ड

दशरथ मन ही मन हर्षाए
अपनी किस्मत पर इठलाये
चहुं और थी राम की ख्याति
ऐसे वैभव पर इतराए
सोचा बस अब बहुत हो गया
नई पीढ़ी का समय है आया
यूं ही सोचते और हर्षाते
ऋषि वशिष्ठ को बुलवाया।

राम चंद्र अब हुए सयाने
जनता और मंत्री उनको मानें
आप से कुछ छुपा नहीं है
आप तो सबकी मंशा जानें
सारे तारे नक्षत्र देख कर
अच्छा सा कोई समय बताएं
पूरे विधि विधान के संग
राम का अभिषेक करवाएं।

हे राजन,
जो हैं तीनों लोकों के स्वामी
पवित्र प्रेम के हैं अनुगामी
उस सर्वेश्वर ईश्वर ने

ओढ़ी चादर रघुकुल नामी
ऐसे अलौकिक और प्रतापी को
ये राहु केतु क्या बांधेंगे
जिस दिन भी अभिषेक करोगे
उसको ही शुभ दिन मानेंगे।

ये सुन दशरथ के नैना भर गए
सारे सभासदों से घिर गए
फिर सबको यह आदेश सुनाया
सुनकर सबके जीवन तर गए
गली गली में मंगल गाओ
सब तक ये संदेश पहुंचाओ
राम चंद्र का अभिषेक करवाने
आओ सारे अयोध्या आओ।

सब तीर्थों का जल ले आओ
औषधि फूल फल ले आओ
रत्न जड़ित वस्त्रों के संग
हर तरह का मंगल लाओ
सारे विधि विधान के साथ
नगर में मंडप बनवाओ
आप सुपारी केले के वृक्ष

हर गली गली में लगवाओ
गणपति का करो आह्वान
सब गुरुओं का करो सम्मान
कुलदेवता को प्रसन्न करो
करो ब्राह्मणों को भू दान।

ये खबर फैल गई चारो ओर
गली गली में बस ये शोर
रानीवास भी पहुंची बात
हर्ष ही हर्ष था चारों ओर
मां कौसल्या ने ब्रह्म भोज कराया
सुमित्रा मां ने एश्वर्य लुटाया
स्त्रियों ने मंगल गान किया
सारे महलों को खूब सजाया।

ये सब देवों ने भी देखा
तनिक भी उनको रास न आया
अवध की इन खुशियों को
उन्होंने ही फिर दाग लगाया
मां सरस्वती के चरणों में
जाकर अपना दुखड़ा गाया
हे माता! कुछ जुगत लगाओ

राम चंद्र से राज छुड़ाओ
किसी युक्ति से वन पहुंचाकर
उस रावण से मुक्ति दिलवाओ।

गहन सोच में पड़ गई माता
मन ही मन पछताती हैं
अवध बिहारी के जीवन में
कैसी काली रातें आती हैं
पर इसमें ही हित है सबका
इसमें ही जन कल्याण है
कितनों के जीवन तर जायेंगे
ये प्रभु श्री राम महान हैं।

कैकेयी की दासी थी मंथरा
कुछ मंद बुद्धि कुछ टेढ़ी थी
मां सरस्वती ने अपने बल से
उसकी बुद्धि फेरी थी
सारा मंगल गान देख कर
मंथरा को एक आंख न भाया
मुंह फुलाकर मुंह लटकाकर
कैकेयी की और कदम बढ़ाया।

कैकेयी उससे हंसकर बोली
वैसे तो तू है बड़ी बड़बोली
आज क्यों तू शांत है इतनी
बेहिचक सुना अपनी कथनी
क्षण भर को मंथरा नुस्काई
फिर तुरंत अपनी कुटिला छुपाई
झुका के सिर को हाथ जोड़कर
अपनी सूरत रोनी बनाई।

सारा यश बस राम को मिलता
कौशल्या का चेहरा है खिलता
चारों ओर है जग मग जग मग
फिर भी मेरा मन है जलता
भरत को भेज दिया ननिहाल
कौशल्या ने फिर चली ये चाल
गर हो गया अभिषेक राम का
सोचो पुत्र का क्या होगा हाल।

तुम तो एकदम भोली हो
कुछ समझ ना पाती हो
राजा को तुम अति प्रिय हो
कौशल्या को ना भाती हो

उसने ही ये खेल है खेला
दशरथ को भरमाने को
ये सब उसकी माया है
राजा राम बनाने को।

ये सुन कैकेयी का माथा ठनका
कर गए घर सब कुटिल विचार
मंथरा ने यूं फेर दी बुद्धि
था सरस्वती माता का चमत्कार।

मंथरा ने फिर याद दिलाया
मांग लो राजा से अपने वर
राम को वनवास दिला दो
भरत को अयोध्या की धरोहर
प्रथम तुम देना कसम राम की
फिर तुम अपनी बात बताना
जो बीत गया ये पहर रात का
ऐसा मौका फिर न आना।

ये सब नियति का खेला था
सब समय का रेला पेला था

ये सब सुन वो सोच में पड़ गई
कैकेयी की अक्ल पे मिट्टी पड़ गई
इन वचनों का संज्ञान लिया
इन सब को सच्चा मान लिया
कोप भवन को कदम बढ़ाया
बैठ गई फिर मुंह को फुलाया।

हे देवी यूं क्यों रूठी हो
अपने मन की बात कहो
हृदय का मर्म मुझे बताओ
घुट घुट के तुम यूं ना सहो
जो भी तेरी हो अभिलाषा
उसको मैं पूरण कर दूं
यदि देवता भी दोषी हो तेरा
तेरे समक्ष उसको कर दूं।

तेरे रूप और कौशल पर
मैं नित दिन शीश नवाता हूं
पूरी करूंगा हर चाहत तेरी
मैं कसम राम की खाता हूं।

कैकेयी कुटिलता से मुस्काई
तुरंत ही अपनी खुशी छुपाई
जब राजन फंस गए माया जाल में
मन की बात जिव्हा पर लाई
दो वरदानों का वादा है
पर जाने कौनसी बाधा है
जो आज्ञा हो तो मांग लूं मैं
और छोड़ दूं गर ज्यादा है।

माजरा अब ये सामने आया
दशरथ की समझ में आया
बोले छाती चौड़ी कर के
जो दिया वचन वो सदा निभाया
अपने ही दो वर मांगने को
क्यों हो तुम इतनी सकुचाई
रघुकुल रीत सदा चली आई
प्राण जाई पर वचन न जाई।

हे वर! सुनिए मेरे दो वर
जो मिल जाएं तो जाऊं निखर
वधु हूं इस रघुकुल की मैं

और आप इस रघुकुल के नर

पहला वर है कल भरत का

ब्रह्म मुहूर्त में अभिषेक करा दो

दूजा वर है राम चंद्र को

चौदह वर्ष वनवास करा दो।

सहम उठे राजा ये सुनकर

पड़ गया पूरा रंग सफेद

हे ईश्वर तेरी क्या माया है

इसमें कैसा छुपा है भेद

नारी हृदय में क्या छुपा है

कहां ये कोई जान है पाया

जिस नारी से प्रेम किया

उसने ही ये दिन दिखलाया।

दशरथ का यूं हाल देखकर

क्रोध में भरकर कैकेयी बोली

क्या भरत तुम्हारा अंश नहीं है

क्यों लिवा लाई थे मेरी डोली

क्या मेरा कुछ भी मान नहीं है

भरत की पहचान नहीं है

इतने व्याकुल क्यों होते हो
ये रघुकुल की शान नहीं है।

नहीं दे सकते वरदान मुझे तो
शब्दों से पीछे हट जाओ
शिवी दधीचि और बलि के
कुल को यूं तुम दाग लगाओ
बरसों के मेरे प्रेम और तप का
आज सिला यूं देते हो
रघुकुल रीत की बात हो करते
आज इसे मिथ्या कर जाओ।

दशरथ को ये बोल थे चुभते
जैसे कोई तेज कटारी हो
फिर भी कैकेयी से वो बोले
हर शब्द श्वास पे भारी हो
कल ही दूतों को भिजवाकर
भरत को बुलवाता हुं
अच्छा सा कोई मुहूर्त देखकर
राज्य अभिषेक करवाता हुं।

अब क्रोध त्यागो और मंगल गाओ

अपने हृदय का रोष मिटाओ

अगले राजा भरत ही होंगे

अब तो खुल के जश्न मनाओ

पर राम चंद्र के वनवास का

ए प्रिए अब हठ छोड़ दो

इस बूढ़े बाप पर कृपा करो

अपने वर का मुंह मोड़ दो।

कैकेयी की अक्ल पर पड़ा था ताला

कुछ भी उसको समझ ना आया

उल्टे राजा से बोली झुंझलाकर

सब पता है मुझको क्या है माया

में भी वधु हुं रघुकुल की

और मैंने भी ये प्रण उठाया

यदि वनवासी ना हुए राम तो

में छोड़ दूंगी अपनी काया।

कराह उठे दशरथ ये सुनकर

मुंह से बस निकले हे राम

तेरे मन की कालिख से ही

हैं अंधेरी अब सारी शाम
मेरी भी विनती सुनती जाना
ये शक्ल कभी न दिखलाना
जब तक भी में जीवित हुं
कभी तू मेरे करीब ना आना।

भोर भई तब राम जी आए
मात पिता को शीश नवाए
पिता की ये हालत देख कर
राम जी मन ही मन सिहराये
बैठी थी कैकेयी काल की भांति
जैसे गिनती हो सांसों को
दो पल में ही श्वास छोड़ दे
जो देख ले उन आंखों को।

हाथ जोड़कर प्रेम भाव से
मां कैकेयी से फिर किया सवाल
पिता की ऐसी हालत क्यों है
है कौन सा ऐसा दुख विकराल
बोली कैकेयी, राम तुम ही हो
इनके दुक्खों का सरमाया

तुमसे करते स्नेह बहुत हैं
इसीलिए ऐसा क्षण हैं आया।

दो वरदानों का वादा था
पर लगता है कुछ ज्यादा था
पूरा नहीं कभी करने का
राजा का यही इरादा था
रघुकुल की लाज बचाने को
ये कलेश यहीं मिटाने को
पुत्र कर्तव्य का निर्वहण करो
और वन की ओर प्रस्थान करो।

सुनकर इन निष्ठुर वचनों को
राम खड़े मुस्काते थे
मात पिता के चरणों में
नित नित शीश नवाते थे
हे माता! में हुं बड़ा ही भागी
जो बन सकूं तेरा अनुरागी
पूरण होगी कामना तेरी
बन जाऊंगा मैं बैरागी।

उस परमपिता परमात्मा ने
मुझपे ये उपकार किया है
इस पवित्र पथ पर जाने को
मुझपे ही एतबार किया है
पिता के दुख का कारण मैं हूं
मुझसे सहा नही जाता है
निश्चय ही अपराधी हुं मैं
कुछ और कहा नहीं जाता है।

इतने में राजा की मूर्छा टूटी
आंख खुली तो राम को पाया
अश्रु धारा निकल पड़ी और
झट से राम को गले लगाया
जिव्हा से कुछ भी बोल ना पाए
मन में ब्रह्मा के गुण गाते हैं
राम चंद्र जी वन ना जाएं
महादेव से यही मानते हैं।

हे पिता! ये परम सौभाग्य
वचन आपके पूरण कर पाऊं
वन गमन की आज्ञा दीजिए

में अपनी किस्मत पर इतराऊं
अपने जीवन का फल पाकर मैं
शीघ्र ही वन से आता हुं
माता को ये शीश नवाकर
वन की ओर मैं जाता हुं।

नगरी में चारों ओर बस
अश्रु की नदियां बहती थी
शोक में डूबी सारी आंखें
बस ये ही किस्सा कहती थी
नक्षत्रों का सारा मेल
हंसी खुशी का सारा खेल
पल भर में ही नष्ट हो गया
थी वक्त की ऐसी रेलम पेल।

मन में प्रेम और धैर्य को धारे
मां कौसल्या को सब कह सुनाया
पिता ने मुझको आज्ञा दी है
वन साम्राज्य है मैने पाया
ये दंड नहीं पुरस्कार है मेरा
सर माथे से है इसे लगाया

आशीष तेरा पाने को
तेरे चरणों में हुं आया।

दहल गई सुनकर ये माता
कुछ भी उनको समझ ना आए
प्राणों से प्यारे हो राजा को
फिर क्यों ऐसे वचन सुनाए
राज तिलक का दिन है आया
ऋषियों ने इसे सुझाया था
मंगल में राहु कैसे आ पहुंचा
हर एक जतन कराया था।

जो कुछ घटा कोप भवन में
मंत्री ने फिर कह सुनाया
धक्का लगा उन्हें अति गहरा
समझ ना पाईं वो ये माया
अंतर्मन में द्वंद छिड़ गया
क्या करें जान नहीं पाती हैं
अंततः धर के मन में धीरज
पुत्र को ये वचन सुनाती हैं।

मात पिता की आज्ञा का पालन
सबसे ही फलकारी है
वन प्रस्थान की करो तैयारी
ये अयोध्या तुम पर बलिहारी है
ब्रह्म ऋषियों का ले आशीष
सब देवों को झुका के शीश
वचन पिता का पूर्ण करो
ये तुम्हारी जिम्मेदारी है।

✾

सीता जी ने ये बात सुनी
तुरंत जा प्रभु की स्तुति गाई
में भी संग चलूंगी वन में
जानकी ने की हठाई
तर्क वितर्कों को समझाकर
सारे कष्टों को बतलाकर
जब कोई युक्ति काम ना आई
तो सीता के संग चले रघुराई।

✾

लक्ष्मण को जब मिली सूचना
बद हवास वो दौड़े आए
में भी संग चलूंगा स्वामी

प्रभु चरणों में वंदन गाये
तुम हो स्वामी मैं हुं दास
बिन तेरे कैसे करूंगा वास
प्रीति भी तुम नीति भी तुम
तुम हो मेरी सारी आस।

राम सिया और लक्ष्मण जी ने
दशरथ जी से आज्ञा पाई
वन की ओर किया प्रस्थान
सारी अयोध्या थी अकुलाई
सारी प्रजा थी राम के साथ
करती थी वो घोर संताप
सबके अधरों पर एक ही बात
छोड़ ना जाओ हे रघुनाथ।

अयोध्या लग रही थी ऐसी
जैसे सब वीरान हो
मंदिर में गर प्रभू ना हों तो
जैसे कोई शमशान हो
सब आकुल थे सब व्याकुल थे
साथ प्रभु का पाने को

चल दिए सब पीछे पीछे
महिमा राम की गाने को।

प्रजा का यूं प्रेम देख कर
हृदय राम का भर आया
प्रेम पाश में बंधी जनता को
लौटने को बहुत मनाया
जब ना माना कोई भी जन
तो सबको सोता छोड़ दिया
सिया लखन को लेकर साथ
सबसे नाता तोड दिया।

जा पहुंचे वो गंगा तट पर
और फिर केवट को बुलवाया
गंगा पार करवाने का
बोलो कितना लोगे किराया
चरणों में नतमस्तक होकर
केवट ने यह वचन सुनाया
धोने दो इन चरण कमलों को
इसमें सारा सुख है समाया।

तीन लोक के स्वामी हो
सब पर कृपा बरसाते हो
तुमसे क्या लूंगा उतराई
तुम तो सब को पार लगाते हो
हां अगर कुछ देना है तो
ये एक वचन मुझको देना
में गंगा पार करा दूं तुमको
तुम भव सागर पार करा देना।

चित्रकूट पर्वत पर जाकर
प्रभु में अपनी धूनी रमाई
स्वयं विश्वकर्मा ने आकर
सुंदर सी दो कुटी बनाई
सभी देवता नाग और किन्नर
प्रभु के दर्शन को आए
जी भर सबने राम को देखा
अपनी किस्मत पर इतराए।

पुत्र वियोग का यह दुख
दशरथ को खाए जाता था
सिया राम लक्ष्मण का मुख

रह रह कर उन्हे सताता था
श्रवण कुमार के माता पिता का
वचन आखिर सच होना था
जो पाप हुआ था अनजाने में
उसका वज़न तो ढोना था
सारा हिसाब करके चुकता
वो इस दुनिया से पार गए
हे राम हे राम कहते कहते
दशरथ जी स्वर्ग सिधार गए।

भरत शत्रुघ्न अयोध्या लौटे
पहुंचे अपनी मां के पास
अपनी सारी कुशल बताकर
पूछा फिर परिवार का हाल
कुटिला से भरी कैकेयी ने फिर
सारा वृत्तांत सुना दिया
राम का वनवास को जाना
और पिता का दुख बता दिया।

मूर्छित होकर भरत गिर पड़े
कुछ भी उनको होश न आया

हे पिता आपको फिर एक बार
मैं अभागा देख न पाया
राम जी की हालत सुनकर
उनका मन अवसन्न्न हो गया
आंखों में शोले भर आए
सारे ममत्व का दहन हो गया।

ऐ पापिन तूने क्या कर डाला
सारे कुल का नाश किया
अगर जो तेरी ये इच्छा थी
तो क्यों न मुझको मार दिया
जिस पल आए ये बुरे विचार
क्या हृदय नहीं ये तड़पा था
जब वर मांगे ऐसे दुर्गम
क्या हुआ नहीं मुंह कड़वा था।

श्री राम का अमंगल करके
इस घोर कलंक का भार लिया
तेरी कोख से मैं हुं जन्मा
मुझको भी भागीदार किया
मुझसे बड़ा ना पापी कोई

अब कैसे मुख दिखलाऊंगा
किस तरह तुम्ही कहो अब
मां कौसल्या के सम्मुख जाऊंगा।

मां कौसल्या के पैरों में

जाकर फूट फूट कर रोए

करने लगे क्षमा याचना

अश्रु से चरणों को धोएं

क्यों मेरी मां ने जनम दिया

सबसे बड़ा मैं दोषी हुं

सारे दुखों का कारण मैं हुं

सारी नगरी की खामोशी हुं।

माता ने स्नेह से गले लगाकर

दोनो पुत्रों को समझाया

वक्त बुरा आन पड़ा है

उसी ने ये दिन दिखलाया

हिम्मत और संयम ना त्यागो

ये पल भी कट जायेगा

प्रभु का सारा खेल ये है

वो ही राह दिखलाएगा।

ऋषि वशिष्ठ ने उन्हें समझाया
आगे का फिर मार्ग दिखाया
सारे विधि और विधान से
दशरथ का संस्कार कराया
पिता की इच्छा का मान करो
इसका यश भरत को समझाया
राज धरम का पालन करना
एक ही मार्ग उन्हे बतलाया।

हाथ जोड़कर भरत जी बोले
ये मैं ना कर पाऊंगा
जो सिंहासन है श्री राम का
उसपे बैठ कभी ना पाऊंगा
मैं दोषी हुं मैं पापी हुं
मेरे कारण ये अनर्थ हुआ
प्रभु राम से क्षमा मांगने
मैं कल ही वन को जाऊंगा।

उन्हे मनाकर शीश नवाकर
मै अयोध्या ले आऊंगा
उन बिन कैसी सूनी नगरी

ये हाल उन्हे सुनाऊंगा

अपने सिर का कलंक मिटाने

उनके चरणों में गिर जाऊंगा

जो कर देंगे माफ मुझे तो

उनको संग ले आऊंगा।

ऋषि मुनि सभासद लेकर

शान ओ शौकत आमद लेकर

राजा की शाही सेना लेकर

भारत जी चित्रकूट चले

प्रभु राम को मनाने को

सीता मां से आशीष पाने को

सब मुश्किल हल कर जाने को

भरत जी चित्रकूट चले।

उत्तर दिशा से समाचार है आया

आकाश में धूल का गुब्बार उठाया

व्याकुल हुए हैं पशु और पक्षी

भरत दल बल लेकर आया

ये सुन प्रभु के नैना भर गए

स्वतः ही आंखों से अश्रु गिर गए

लगे सोचने क्यों भारत है आया
जाने कौनसा प्रण उठाया।

लक्ष्मण जी क्रोधित हो बोले
भरत ने तनिक ना समय गंवाया
सेना सज्ज है युद्ध करने को
तुरंत ही अपना रंग दिखलाया
राजमद ने बड़े बड़ों का
मन ऐसे ही भरमाया है
सहस्त्रबाहु देवेंद्र या त्रिशंकु
सबसे तुच्छ कार्य करवाया है।

उसी मार्ग पर भरत है निकला
मार्ग से आप हटाने को
भूल गया यहां खड़ा है लक्ष्मण
खुद काल से भिड़ जाने को
हे प्रभु! अब आज्ञा दो बस
रण हुंकार बजाने को
बेचैन है ये धनुष बाण अब
भीषण विध्वंस मचाने को।

प्रभु ने लक्ष्मण को समझाया

भरत का यूं मान बढ़ाया

वो पुरुषों में अति उत्तम है

राजमद ना छू पाएगा

शीतल मन और शांत स्वभाव से

सब पर प्रेम बरसाएगा

मिल जाएं जो तीन लोक भी

तब भी सिर ना उठाएगा।

भरत जी पहुंचे प्रभु के द्वार

मन में लेकर संशय अपार

क्या प्रभु मुझको माफ करेंगे

क्या मेरे कष्टों को वो हरेंगे

किस तरह उनसे मिल पाऊंगा

सीधे चरणों में गिर जाऊंगा

मैं हुं सेवक वो हैं स्वामी

हम सब उनके हैं अनुगामी।

देख छवि प्रभु राम की

सारी सुध बुध भूल गए

रक्षा कीजिए हे रघुनाथ

कहकर घुटनों पर झूल गए
बदहवास से दौड़े श्री राम
कहीं धनुष गिरा, गिरा कहीं बाण
उठा कर भरत को धरती से
गले लगाकर बढ़ाया मान।

भ्रातृ प्रेम की दुनिया में
ये एक अनूठी मिसाल है
कोई दुख द्वेष अहम नहीं मन में
ये प्रेम की मूरत विशाल है
वो शब्द नहीं हैं भाषा में
जो इसको वर्णित कर पाएं
यह अथाह प्रेम की परिभाषा है
कोई कैसे इसको पढ़ पाए।

आंखों से निकली अश्रु की धारा
मन में केवल प्रेम भरा
ये दृश्य कुछ अद्वितीय सा था
खोज लो चाहे ये सारी धरा
अति प्रेम से प्रभु राम ने
भरत को अपने पास बिठाया

जो कुछ भी संशय था मन में
एक ही पल में वो सब मिटाया।

पिता की मृत्यु का समाचार सुन

प्रथम तो उनको याद किया

फिर मुनियों के संग वेद अनुसार

संपन्न उनका श्राद्ध किया

सारी माताओं से मिलकर

उनके दुख को बांट लिया

चरणों में उनके शीश नवाकर

सारे सुख को छांट लिया।

भरत जी ने प्रभु राम से

अनेकों बार पश्चाताप किया

सिया राम के चरणों में गिर

बारंबार प्रलाप किया

सब दुखों का सब कष्टों का

खुद को दोषी बतलाया

क्षमा करो अपराध ये मेरे

तेरी शरण में मैं हुं आया।

तीन काल और तीन लोकों में
तुमसा न कोई दूजा है
जो समझे तुमको अपराधी
व्यर्थ सब उसकी पूजा है
अनन्य प्रेम का भंडार तुम ही हो
ऋषियों का सत्कार तुम ही हो
इस दुनिया को को रंगीं कर दे
वो बिरले फनकार तुम ही हो।

हाथ जोड़कर भरत जी ने
प्रभु राम को खूब मनाया
अयोध्या की जो हालत थी
उनको सब कुछ कह सुनाया
हे प्रभु! इस सेवक की
इतनी विनती स्वीकार करो
में करता हुं वनवास ये पूरा
आप अवध का उद्धार करो।

भरत जी के भक्ति भाव पर
प्रभु राम का दिल भर आया
वचनों को पूरा करने का
महत्व उनको समझाया

ये वनवास ही अब कर्म है मेरा
अवध है धरोहर तुम्हारी
में अपना धरम निभाऊंगा
और अयोध्या तुम्हारी ज़िम्मेदारी।

आपका आदेश है सर आंखों पर
बस एक कृपा कर दो बिहारी
ये चरण पादुकाएं मुझको दे दो
समझूंगा इनको तेरी अवतारी
सिंहासन पर इन्हें बिठाकर
मैं नंदीग्राम में जाऊंगा
अयोध्या रहेगी सदा तुम्हारी
मैं केवल सेवक कहलाऊंगा।

अरण्य काण्ड

कुछ समय गुजारा चित्रकूट में
एक दिन प्रभु के मन में आई
फ़ैल चुकी अब बात बहुत
यहां से कूच में है भलाई
ऋषि अत्रि के आश्रम जाकर
उनसे मन की कह सुनाई
चरणों में शीश नवाकर
प्रस्थान की आज्ञा पाई।

सीता लक्ष्मण को साथ लिए
चल दिए प्रभु वन की ओर
जिस पथ उनके पग थे पड़ते
छा जाता नया एक भोर
हर पत्ते और हर बूटी पर
जहां भी उनकी नजर पड़ जाए
एक नई स्फूर्ति आ जाती है
सब कुछ आनंद से भर जाए।

ये वन पर्वत और नदियां भी
उनके ही गुण गाती थी
कल कल करता जल का झरना

और हर कली मुस्काती थी
आगे आगे प्रभु राम थे
पीछे लक्ष्मण चलते थे
सीता माता को ले मध्य में
हर पल रक्षण करते थे।

जंगल जंगल विचरण करके
पंचवटी वो आ पहुंचे
गोदावरी तट पर कुटी बनाई
यहां का जीवन खूब जंचे
प्रभु के वहां रहने से
ऋषियों को आराम मिला
फूलों की क्या बात कहें
चहक उठी हर एक शिला।

कुमारों को एक दिन वन में
राक्षसी शूर्पनखा ने देखा
देखते ही हो गई वो मोहित
काम प्रेम की पार की रेखा
धरा पर तुमसा ना कोई नर है
ना मुझसी कोई नारी है

तुम्हारे ही बस इंतज़ार में
मैने सारी उम्र गुज़ारी है।

प्रभु राम ने प्रेम भाव से
सीता की ओर किया इशारा
वचन से अपने बंधा हुआ हुं
करूंगा ना मैं विवाह दोबारा
वो लक्ष्मण है अनुज है मेरा
उसको जाकर समझाओ
किंचित वो ये भाव समझ ले
उसको अदा ये दिखलाओ।

बोले लक्ष्मण, सुनो हे देवी
मैं तो केवल दास हुं
तुमको कुछ न दे पाऊंगा
मै कहां कुछ खास हुं
वो राजा हैं अवध पुरी के
उन पर सब कुछ जंचता है
जिसका चाहे तारण कर दें
उन पर सब कुछ फबता है।

प्रभु राम ने समझा बुझा कर
हर बात से इंकार किया
शूर्पनाखा के हर एक तर्क को
अपने विवेक से नकार दिया
प्रतिष्ठा और लज्जा का
त्याग जो कर पाएगा
ऐसा ही कोई निर्लज्ज नर
वर तेरा बन पाएगा।

लक्ष्मण के ये सुनकर बोल
शूर्पनखा क्रोध में आई
आंखों में अंगारे भर के
अपने असली रूप में आई
ये ही है वो नारी जिसके
कारण मुझे ठुकराते हो
अभी मार के खा जाऊंगी
देखुं क्या जुगत लगाते हो।

प्रभु राम का इशारा पाकर
लक्ष्मण जी हरकत में आए
पलक झपकते ही शूर्पनखा के

नाक और कान काट गिराये

रक्त रंजित हो गई वो

लगने लगी और विकराल

खर दूषण के पास जा पहुंची

कह दिया अपना सारा हाल।

खर दूषण ने दल बल सजाकर

सब राक्षसों को पास बुलाया

ले हाथी घोड़े और हथियार

पंचवटी को कदम बढ़ाया

असंख्य से वो राक्षस सारे

मद की मस्ती में मदमाते थे

और उधर अकेले रघुनाथ जी

सब देख कर मुस्काते थे।

सीता को भीतर ले जाओ

मैं इनसे टकराता हुं

इनकी इस उद्दंडता का

मजा इन्हें चखाता हुं

राम जी फिर स्वयं अकेले

रण भूमि में घुस आए

देख कर एक सुकुमार को
खर दूषण मन में हर्षाए।

अवसर दिया फिर राम चंद्र को
अपनी जान बचाने का
वो नारी हमको दे दो केवल
यही मार्ग तुम्हारे जाने का
राम जी फिर गरज कर बोले
तुम जैसों का वध करने आए
जो पीठ दिखाये वो कायर हैं
हम तो काल से भी लड़ जाएं।

खर दूषण ने युद्ध बिगुल बजा
श्री राम पर प्रहार किया
रघुनाथ ने हंसते हंसते
उनका पल भर में संहार किया
धनुच चढ़ाकर तीर चलाकर
सर मुंडो से रण पाट दिया
एक बाण से कितने मारे
सहस्त्रों का सिर काट दिया।

खर दूषण का देख कर नाश
शूर्पनखा पहुंची रावण के पास
ऐ विश्व विजेता रावण सुन
इस दुखिया अबला की अरदास
डूबे हो यूं अपने मद में
और मय के इस प्याले में
निकल कर अपने कूप से देखो
क्या घटित हुआ उजियाले में।

राक्षस सारे भयभीत हैं
तुझको बस दिखती ये हाला
तुम सा भाई हो जिस बहना का
उसका कैसा हाल बना डाला
देख शूर्पनखा का ये प्रलाप
लंकापति को क्रोध भर आया
कौन हैं वो दुष्कर्मी
जिनका अंत समय है आया।

अयोध्या के दो राजकुमार
दिखने में सुंदर वो नार
उन्होंने है यह प्राण उठाया

करेंगे राक्षसों का संहार
बलशाली और प्रतापी हैं
सहस्त्रों के लिए काफी हैं
खर दूषण की सेना मार कर
रक्त से धरती छापी है।

रावण ने उसको बिठलाकर
अपना बाहु बल बतलाया
तीन लोक में कोई नहीं जो
मेरे आगे टिक पाया
लंकापति रावण नाम है मेरा
मुझ पर महादेव का साया है
उन दोनो दुष्ट कुमारों को
उनका काल खींच के लाया है।

एक दिन प्रभु माता से बोले
बात मेरी एक ध्यान धरो
करनी है कुछ मुझको लीला
तुम अग्नि में वास करो
जिस कारण ये जनम लिया
वो कारण पूरा करता हुं

राक्षसों का घड़ा भर आया
उनका उद्धार अब करता हुं।

तुम स्वरूप हो लक्ष्मी का
जग जननी जग माता हो
तुम ही दुर्गा तुम ही गौरी
तुम काली तुम सर्व ज्ञाता हो
करता हुं मैं तुमसे विनती
एक चमत्कार दिखा जाओ
कर सकूं रावण वध मैं
एक छाया चित्र बिठा जाओ।

रावण ने अपने मन ही मन में
एक भीषण कुटिल व्यूह बनाया
वो सीता ही सारी जड़ है
हर लूं उसके मन में आया
मारीच को फिर बुलवा भेजा
जिसका छल में ना कोई सानी था
चला रघुनाथ से छल करने
जाने रावण कैसा ज्ञानी था।

स्वर्ण मृग का धर के रूप
मारीच फिर वन में आया
नजर पड़ी जब सीता की
तुरंत ही उनके मन को भाया
राम मुझको ये मृग ला दो
ये तो बहुत ही सुंदर है
स्वर्ण जड़ित सी छाल है इसकी
और आंखें नील समुंदर हैं।

जानकी की सुनकर बातें
बोले लक्ष्मण से प्रभु राम
लाता हुं मैं मृग पकड़ कर
इस कुटी की रक्षा तेरा काम
सीता का ख्याल तुम रखना
मैं तुम्हे सौंप कर जाता हुं
फिरें न नजरें क्षण भर को भी
जब तक मैं लौट ना आता हुं।

चल दिए राम मृग के पीछे
अपनी ओर वो उनको खींचे
जानते थे प्रभु सब माया

पर अपना मनुष्य धर्म निभाया
एक ही बाण से मृग को मारा
लगते ही असली रूप में आया
हे लक्ष्मण! कह गिरा धरा पर
प्रभु के हाथों परम पद पाया।

मारीच का वो अंतिम छल
सीता को कर गया व्याकुल
हे लक्ष्मण तुम जल्दी जाओ
संकट में हैं राम बचाओ
इस पर लक्ष्मण हंस कर बोले
वो शक्तिमान सर्व ज्ञाता हैं
कौन जो उनको छू भी पाए
वो स्वयं साक्षात विधाता हैं।

सब जानती थी सीता जी भी
पर हो गई आकुल वो एक क्षण को
कुछ ना सोचा कुछ ना समझा
कह दिए कटु वचन लक्ष्मण को
अपने त्याग और तप के बल से
लक्ष्मण ने एक रेखा बनाई

इसको पार न करना माता
जब तक लौटे मैं और रघुराई।

जब तक इस रेखा के पीछे हो
कोई बाल ना बांका कर पाएगा
हो पशु देवता या फिर दानव
इससे पार कोई न पाएगा
इन चरणों में शीश नवाकर
वन की ओर मैं जाता हुं
कुछ ही देर में लौटूंगा
प्रभु को संग ले आता हुं।

सब कुछ देख रहा था रावण
मन ही मन हर्षाता था
जैसा उसने व्यूह रचा था
सब वैसा होता जाता था
साधु का वेश वो धर कर
कुटिया के आगे पहुंच गया
भिक्षा लेने आया हुं मां
कह कर उसने शोर किया।

कुटिया के भीतर जाने को
उसने अपना कदम बढ़ाया
लगा कर अपना सारा बल भी
लक्ष्मण रेखा से पार ना पाया
छल से उसने फिर सीता को
उस रेखा के पार बुलाया
साधु को रूष्ट ना करने का
सीता जी ने धरम निभाया।

रावण ने झट से हाथ पकड़कर
उनको पुष्पक में बिठलाया
चला तुरंत ही पवन वेग से
लंका की ओर कदम बढ़ाया
सारी सृष्टि गवाह बनी थी
सीता के संताप की
सारी हदें लांघ गया वो
मटकी भर गई पाप की।

सीता जी का भीषण प्रलाप
जब जटायु जी के कान पड़ा
होकर अति क्रोधित गिद्धराज

रावण के सम्मुख आन खड़ा

उस वृद्ध गिद्ध ने किया युद्ध

पर रावण से कैसे टकराता

मरणासन्न हो गिरा धरा पर

स्तुति था बस राम की गाता।

सीता को ले लंका पहुंचा

बहुत तरह से समझाया

धन दौलत के दिए प्रलोभन

सारा वैभव दिखलाया

उसके सारे कुविचारों से

सीता ने मुंह मोड़ लिया

रावण ने फिर आखिर उनको

अशोक वाटिका में छोड़ दिया।

उधर राम के पीछे पीछे

लक्ष्मण भी जा पहुंचे वन में

हे अनुज! तुम क्यों कर आए

एक भय सा होता है इस मन में

जानकी को उस कुटिया में

क्यों तुमने अकेले छोड़ दिया

ऐसा भी क्या हुआ अनर्थ जो
मेरी आज्ञा मानना छोड़ दिया।

लक्ष्मण जी ने हाथ जोड़कर

प्रभु को सारी बात बताई

इसमें मेरा दोष नहीं है

सीता माता थी अकुलाई

चलिए अब वापस चलते हैं

हो रहा हृदय अधीर है

किसी अनिष्ट की आशंका से

हो रही इस मन में पीड़ है।

राम लखन कुटिया पर पहुंचे

पर सीता जी वहां ना पाया

व्याकुल हो गए प्रभु राम

जाने कैसे दुख है आया

है गुणों की खान जानकी

रूपमती और शील जानकी

क्यों हुई इन नजरों से ओझल

बिन तेरे हुआ बेहाल जानकी।

प्रभु का प्रलाप देखकर
सृष्टि का दिल भर आया
कोई बता दो पता सीते का
पूछते फिरते थे रघुराया
पेड़ों के पत्ते फूलों की बेलें
धरती आकाश और सारी झीलें
सबसे रोकर पूछें भगवान
कहां खो गया मेरा मान।

कुछ दूर चले तो मिले जटायु
जो अंतिम सांसें गिनते थे
हर आती जाती श्वास से बस
राम नाम ही जपते थे
प्रभु ने अपना हाथ फेरकर
सारी पीड़ा हर डाली
जटायु जी ने हाथ जोड़कर
सारी होनी कह डाली।

जो उठा ले गया सीता जी को
वो अत्याचारी भीषण है
देवलोक भी जिससे थर्राया

वो लंकापति रावण है
मैंने कीजे अथक प्रयास
पर उसको मैं रोक न पाया
क्षमाप्रर्थी हुं मैं नाथ
आपके कोई काम ना आया।

जटायु ने ये कहते कहते
प्रभु चरणों में दम तोड़ दिया
परम धाम को चले गए
हरि से नाता जोड़ लिया
प्रभु ने भी हाथ जोड़कर
उनको अंतिम प्रणाम किया
वैकुंठ में जगह दी उनको
और उनका कल्याण किया।

शबरी की कुटिया राम पधारे
चरणों में गिर गई हाथ पसारे
दासी के घर रघुवर आए
धूल गए मेरे पाप वो सारे
किस विधि स्तुति करूं तुम्हारी
में नीच जात मंदबुद्धि हुं

आंखों से अश्रु बहते जाएं
उन से प्रभु के चरण पखारे।

राम लखन की सेवा में

चुन के मीठे बेर वो लाई

अधखाए वो सारे बेर थे

कड़वा ना लग जाए रघुराई

प्रभु राम भी प्रेम सहित

उन झूठे बेरों को खाते हैं

शबरी का पावन प्रेम देखकर

मन ही मन मुस्काते हैं।

सारे झूठे बेर देख कर

लक्ष्मण जी को गुस्सा आया

कैसा है ये आतिथ्य

उनको कुछ भी समझ ना आया

शबरी के इस प्रेम को देखो

सारे बेरों को चक्खा है

जो भी कोई कड़वा था

उसमे कोई न रक्खा है।

प्रभु राम ने लक्ष्मण को
ये सारी बातें समझाई
भक्ति भाव को देखो इसमें
नहीं है कोई चतुराई
अपना दोष समझ में आया
लक्ष्मण ने फिर शीश नवाया
जानकी का पता पूछकर
आगे की ओर कदम बढ़ाया।

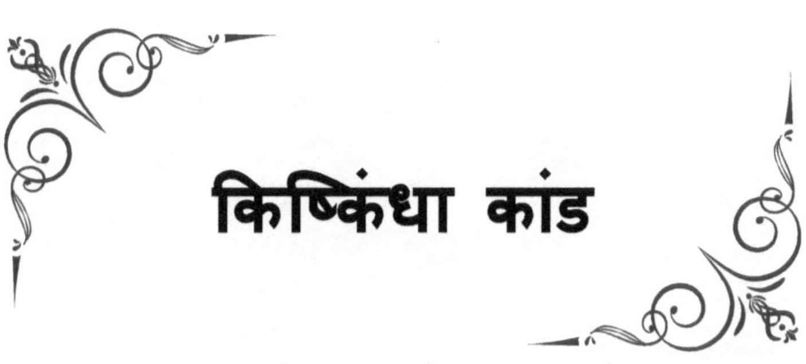
किष्किंधा कांड

ऋष्यमूक पर्वत था जिस पर

वानर राज का रैन बसेरा

अपने समग्र दल बल के संग

डाला था सुग्रीव ने डेरा

बाली के डर से जान बचाकर

यहीं चैन बस पाया था

आए तो बाली जान गंवाए

ऋषि मतंग ने श्राप लगाया था।

जब आते देखा सुकुमारों को

मन में तब एक डर भर आया

कौन है ये कहां से आए

कष्टों का मौसम घिर आया

हे हनुमान! तुम जल्दी जाओ

जाकर तुम इसका पता लगाओ

क्या बाली ने है इनको भेजा

काल ये कैसा रूप धर आया।

ब्राह्मण का फिर वेश बनाकर

हनुमान जा उनसे बोले

आने का प्रयोजन क्या है

देखने में हो तुम भोले
कौन हो तुम कहां से आए
क्यों वन में विचरण करते हो
सुंदर तन मन के स्वामी हो
क्यों वन में घूमा करते हो

हैं अवधपुरी के राजकुमार
राम और लक्ष्मण नाम हैं
पितृ आज्ञा से वन को आए
अब यहीं सुबह और शाम है
सीता को ले गया है रावण
हम उसकी खोज में जाते हैं
लंका का हैं पता पूछते
अब यूं ही दिन बिताते हैं।

चरणों में गिर गए हनुमान
बारंबार शीश नवाएं
पथराई सी इन आंखों ने
आखिर प्रभु के दर्शन पाए
में तो केवल सेवक हुं
सेवा ही बस धरम है मेरा

युगांतरों का फ़ल मिला है
आप जो मेरे घर पर आए।

प्रभु राम ने हनुमान को

उठाकर अपने गले लगाया

लखन से भी अति प्रिय हो

ये सब उनको समझाया

खुश किस्मत है भाग्यवान है

जो ऐसे प्रेम का भागी हो

वो अपने नसीब पर इतराए

जिसका तुमसा अनुरागी हो।

सुग्रीव ने है मुझको भेजा

वो आपका दास है

बाली से है छुपता फिरता

इन पर्वतों में वास है

उसको अपना सखा बना लें

वह नित नित स्तुति गाएगा

ढूंढने माता को चारों ओर

वो अनन्य वानर भिजवाएगा।

राम लखन को पीठ चढ़ाकर

हनुमत सुग्रीव के पास चले

प्रभु को साक्षात देख कर

सुग्रीव के थे बांछ खिले

अग्नि को फिर मान साक्षी

मैत्री की सौगंध उठाई

तब तक चैन की सांस ना लूंगा

जब तक ना मिले सीता रघुराई।

जब पूछा फिर प्रभु राम ने

सुग्रीव ने अपनी कथा सुनाई

बड़े प्रेम से रहते थे

में और बाली दोनो भाई

एक दिन एक मायावी ने

हमको युद्ध आह्वान दिया

हम दोनो ने शस्त्र उठाकर

उसके पीछे प्रस्थान किया।

जा छुपा वो एक गुफा में

बाली ने मुझको समझाया

मुझको मृत समझ लेना जो

एक पखवाड़े तक ना आया
दो पखवाड़े मैं रुका वहां पर
फिर देखी एक रक्त की धार
झट से वहां एक शिला लगाई
सोचा उसने दिया बाली को मार।

जब वापस अपने नगर को आया
तो सभासदों ने ये समझाया
आनन फानन में ही मेरा
मिलकर राज्य अभिषेक करवाया
इतने में बाली आ पहुंचा
देख कर उसका चढ़ गया पारा
छीन ली मेरी स्त्री और वैभव
अब फिरता हुं मैं मारा मारा।

ऋषि मतंग से श्राप मिला है
इस पर्वत पर ना पांव धरेगा
जान बचाकर यहां रहता हुं
आने का ना साहस करेगा
ये सब सुन प्रभु समझाए
भय से उनको मुक्त करवाए

बाली का वध मैं करूंगा
दूजा नहीं अब कोई उपाय।

राम को लेकर चले सुग्रीव

जाकर बाली को ललकारा

सुनकर बाली क्रोध में आया

तुरंत ही चढ़ गया उसका पारा

सुग्रीव को तिनके की भांति

उठा उठा कर पटक के मारा

अपने अथाह बाहुबल का

दिखा दिया सबको एक नजारा।

बोला सुग्रीव व्याकुल हो कर

ये भाई नहीं काल है मेरा

इससे पार ना पाऊंगा

अंत समय नजदीक है मेरा

प्रभु राम ने हाथ फिराकर

सारा बदन वज्र कर डाला

और दूर से पहचान लें ताकि

गले में एक डाल दी माला।

दोनो भाइयों को युद्ध करते
छुप कर देख रहे रघुराया

धनुष खींचकर बाण चढ़ाकर
फिर बाली पर बाण चलाया

घायल होकर गिरा धरा पर
उसने प्रभु राम को देखा

देखते ही हो गया वो गदगद
अपने जीवन को सफल पाया।

पर कटु वचन वो मुख से बोला
ये कैसा धर्माचार है

क्यों मुझसे है नफरत इतनी
क्यों सुग्रीव से प्यार है

मेरे प्रति क्यों द्वेष हैं इतना
आखिर क्यों इतना संताप है

क्षत्रिय हो पर छुप कर मारा
सबसे बड़ा ये पाप है।

ओ मूरख तू बलशाली है
पर इतना भी ज्ञान नहीं है

पर नारी पर नजर है रखता

ये तुझको संज्ञान नहीं है
भाभी बहन बहु और कन्या
ये चारों एक समान हैं
इन पर जो कुदृष्टि डाले
उसका वध जन कल्याण है।

सुग्रीव को है मित्र बनाया
उसका सब दुख हर डाला
मित्र का शत्रु शत्रु होता
इस कर तेरा वध कर डाला
प्रभु चरणों में गिर बाली ने
अनंत भक्ति का वरदान लिया
अंगद को सौंप प्रभु को
परम धाम का ज्ञान लिया।

लक्ष्मण जी को नगर भेजकर
सुग्रीव को सम्मान दिलवाया
अंगद को युवराज बनाकर
सुग्रीव का अभिषेक करवाया
लक्ष्मण जी फिर लौट गए
अपने प्रभु राम के पास

दोनो ने फिर किया कुछ दिन
उसी पर्वत श्रृंखला में वास।

बीत गई ऋतु वर्षा की
शरद ऋतु का मौसम आया
भोग विलास में डूबा था बस
सुग्रीव को कुछ याद ना आया
लक्ष्मण ने नगर में जाकर
वचन वो अपना याद दिलाया
राम हुए हैं क्रोधित तुम पर
ऐसा भय उसको दिखलाया।

तुरंत ही उसने सभा सजाकर
सारे दूतों को बुलवाया
दसों दिशाओं में पता लगाओ
ऐसा वचन उन्हे सुनाया
एक पखवाड़े के भीतर आकर
मुझको सारा भेद बताओ
व्याकुल बहुत हैं मेरे राम
जल्दी जाओ जल्दी जाओ।

लक्ष्मण जी को साथ में लेकर

सुग्रीव ने फिर कदम बढ़ाए

पहुंच गए रघुनाथ शरण में

जाकर अपना शीश नवाए

क्षमाप्रार्थी हुं मैं रघुवर

जो मद माया में डूब गया

राज काज के लोभ में आकर

धरम मार्ग से छूट गया।

श्री राम ने गले लगाकर

सुग्रीव को पास बिठाया

भरत के जैसे प्रिय हो मुझको

अपने मन का हाल सुनाया

अब ऐसा करो कोई उपाय

खबर जानकी की मिल जाए

चैन नहीं अब आता है

ढूंढ लो अब सारी दिशाएं।

दक्षिण दिशा की ओर तुम जाओ

सीता मां का पता लगाओ

नल नील अंगद और जांबवान

जाकर शीघ्र ही वापस आओ
चले वानर सब शीश झुकाकर
प्रभु राम की आज्ञा पाकर
मन में राम और तन में राम
और होठों पर जय सीता राम।

प्रभु ने फिर हनुमान बुलाए
उनको अपने पास बिठाये
सीता को तुम ये समझाना
उनके बिना हैं राम अकुलाए
उनसे कहना राम हैं आते
तनिक भी न घबराना
लेते जाओ ये अंगूठी मेरी
उनकी निशानी लेते आना।

चारों ओर ढूंढते वानर
जा पहुंचे सागर तट पर
कुछ पता न चलता है
बैठ गए वो थक हारकर
सारी अवधि बीत गई
कोई खबर न मिल पाई

अब किस मुंह हम वापस जाएं
जाने क्या सोचें रघुराई।

ये सब सुन संपाती आया
मन ही मन में हर्षाया
बहुत दिनों का भूखा हुं
आज पेट भर भोजन आया
अंगद बोला तुम गिद्धों में
जटायु जी का नाम रहे
प्रभु चरणों में जीवन छोड़ा
सीधा वैकुंठ धाम गए।

ये सब सुन संपाती ने
सबको अभय दान दिया
अंगद ने भी जटायु जी के
परम शौर्य का गान किया
अश्रु धारा बह निकली सुन
ऐसे बलिदान की गाथा
प्रभु राम के काम वो आए
अमर हो गए मेरे भ्राता।

ले चलो तट तक मुझको
भाई के संस्कार कराऊं
जिसकी खोज तुम करते हो
वो सारी कथा बतलाऊं
विधि विधान के अनुसार
फिर सारा अनुष्ठान कराया
वादा फिर पूरा करने को
वानरों को ये वचन सुनाया।

त्रिकूट पर बसी है लंका
सोने से चमकती है
लंकापति रावण राजा जिसका
तीन लोक में हस्ती है
महा पंडित व महा ज्ञानी है
शूरवीर वो सैनानी है
सब वेदों का ज्ञाता है
महादेव को ध्याता है।

स्वभाव से है बेहद बर्बर
है उसका वक्ष विकराल
उससे जो कोई भिड़ जाए

वो बन जाता है उसका काल
महा धूर्त व अभिमानी है
मदिरा सेवन करता है
हो दैत्य दानव या मनुष्य
हर कोई उससे डरता है।

ले गया सीता को हर कर
माता करती रही फरियाद
अशोक वाटिका में बैठी वो
करती हैं बस प्रभु को याद
केवल तुम्हे बतला सकता हुं
कुछ और नहीं है मेरे बस में
वृद्ध अवस्था के कारण
इंद्रियां नहीं हैं मेरे वश में।

चिंतन करने लगे सब वानर
कोई कैसे ये कर पाएगा
सौ योजन का अपार समंदर
कोई कैसे उस पार जायेगा
अंगद बोला जा सकता हुं
पर लौट ना शायद पाऊंगा

इस अथाह जल धाम से
दो बार कैसे टकराऊंगा।

जाम्बवान बोले हे हनुमान
क्यों तुमने चुप्पी साधी है
जिसको तुम हर ना पाओ
ऐसी कौन सी व्याधि है
तुम पवनसुत हो बलशाली हो
बुद्धि और विवेक की खान हो
कुछ भी नहीं है तुमसे अछूता
जब रखना प्रभु का मान हो।

ये सुन हनुमत को आया जोश
जय श्री राम का किया उदघोष
पर्वत सा आकार बनाया
देख कर सबके उड़ गए होश
झट से दरिया पार मैं जाऊं
लंका को त्रिकूट समेत ले आऊं
हे जाम्बवान दो मुझको राय
क्या करूं मैं कहो उपाय।

हनुमान तुम जल्दी जाओ
सीता माता से मिल आओ
प्रभु राम के हृदय का मर्म
उनके चरणों में बतलाओ
शीघ्र लौटकर प्रभु राम को
लंका का हाल कह सुनाओ
स्वामी की सेवा करने का
तुम अपना सेवक धर्म निभाओ।

सुंदर कांड

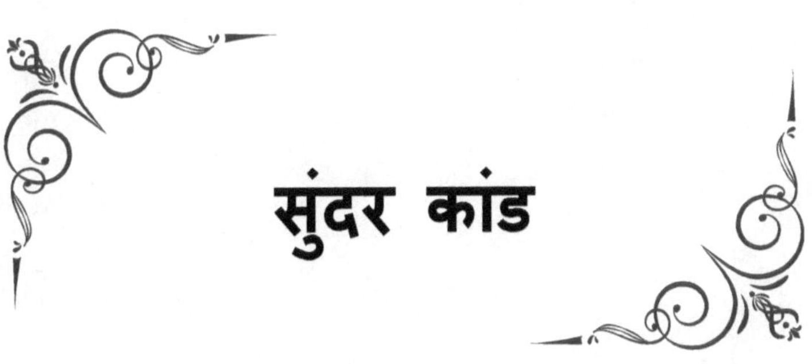

चले पवनसुत हनुमान चले
मायावी लंका की ओर

चले लांघने उस समुद्र को
जिसका कोई ओर ना छोर

प्रभु का बस सिमरन करते
पकड़े राम नाम की डोर

प्रभु के संग नाता ऐसा
जैसे चंदा और चकोर।

एक ही लक्ष्य एक ही धुन
काम प्रभु के आना है

सीता माता के चरणों में
अब ये शीश नवाना है

जन तक कार्य पूरा ना हो
तब तक ना लूंगा विश्राम

एक ही सोच एक ही नाम
जय श्री राम जय श्री राम।

सुरसा ने हनुमान को देखा

वो सर्पों की माता थी

देवों ने ये दिया है भोजन

उनको खाने पर आमादा थी
हाथ जोड़कर हनुमत बोले
मैं दूत हुं प्रभु राम का
उनका कार्य करने जाता
मैं तेरे किस काम का।

सत्य कहता हुं मैं माता
ये कार्य पूरण कर आऊं
प्रभु राम का हाल सुना दूं
फिर मैं तेरी भूख मिटाऊं
सुरसा ने उनकी एक ना मानी
हनुमत को खाने की ठानी
बजरंगी ने युक्ति लगाई
चपलता में उनका कोई ना सानी।

हनुमत ने आकार बढ़ाया
सुरसा ने भी कदम मिलाया
जितना वो बढ़ जाते थे
सुरसा उससे अधिक बढ़ाए
हनुमत ढूंढ रहे थे मौका
पाते ही कर गए चतुराई

अति सूक्ष्म रूप बना कर
सुरसा के मुंह में कूद लगाई।

क्षण भर में ही अंदर जाकर

सुरसा के मुंह से बाहर आए

लगे मांगने विदा वो उनसे

हाथ जोड़कर शीश नवाए

सुरसा ने खुश होकर फिर

उनको जाने का मार्ग दिया

जाओ प्रभु का कार्य करो तुम

और ढेरो आशीर्वाद दिया।

लंका जा पहुंचे हनुमान

अचंभित रह गए देख के शान

फल फूल से शोभित थे वृक्ष

पशु पक्षियों से भरे उद्यान

आसमान से बातें करता

सोने का किला बनाया था

और उसके स्वर्णिम प्रकाश से

पूरा नगर जगमगाया था।

चार दिवारी के भीतर देखो
बस सुख और समृद्धि थी
नगर की सीमाओं के बाहर
जल की एक परिधि थी
गलियां और बाजार सजे थे
हाथी घोड़े हर द्वार बंधे थे
फव्वारे और तालाबों में
कमल के सुंदर फूल खिले थे।

किले की सारी मीनारों पर
असंख्य दैत्य बलवान खड़े थे
कुछ भी अप्रिय ना होने पाए
गिद्ध से उनके नैन गड़े थे
सोचे हनुमान किस कर जाऊं
मच्छर के जैसा रूप बनाऊं
जब सो जाएं सारे रक्षक
रात्रि में मैं घुस जाऊं।

जब वो लंका द्वार पर आए
वहां लंकिनी से वो टकराए
कोई ना भीतर जा सकता है

मुझसे ऐसे मुंह बचाए

एक प्रहार में हनुमान ने

उसको उल्टा कर डाला

उसी पल में समझ गई वो

रावण का अंत है आने वाला।

महल महल ढूंढे हनुमान

सीता मां का कोई निशान

कुछ भी पर वो जान ना पाए

होते थे वो बड़े हैरान

तभी एक हरी का मंदिर देखा

मन ही मन में बहुत हर्षाए

दैत्य नगरी में सज्जन भी हैं

जो हरी चरणों में शीश नवाएं।

तभी विभीषण नींद से जागे

प्रभु श्री राम का नाम लिया

हनुमान ने उनको सज्जन माना

परिचय करने का ठान लिया

ब्राह्मण का फिर रूप बनाकर

जा पहुंचे विभीषण के द्वार

बोले विभीषण कौन हैं ब्राह्मण
किस विधि मैं करूं सत्कार।

क्या प्रभु राम के सेवक हो
क्या तुम भी उनको ध्याते हो
या प्रभु राम स्वयं हो साक्षात
मुझ पर कृपा बरसाने आते हो
हनुमान ने प्रथम तो उनका
खुद से परिचय करवाया
फिर प्रभु राम की सारी व्यथा
उनका सारा हाल बताया।

गदगद हो गए सुनकर विभीषण
अपने अश्रु रोक न पाए
दानव कुल में जन्मा हूं मैं
काश मुझे भी प्रभु मिल जाएं
कुंभकर्ण और रावण के जैसे
हों जिसके दो दो भाई
क्या ऐसे पापी दानव पर
कोई कृपा करेंगे रघुराई।

प्रभु मन में द्वेष ना कोई
जात पात ना आड़े आता है
सच्चे मन से प्रेम करे जो
वो प्रभु को पा जाता है
नीच कुल का अधम हुं वानर
फिर भी मुझको अपनाया है
भक्त वत्सल सबसे प्रेम हैं करते
जो भी शरण में आया है।

सीता मां का पता जान कर
अशोक वाटिका को प्रस्थान किया
पेड़ों में छुपकर देखा मां को
मन ही मन प्रणाम किया
प्रभु राम का सिमरन करती
दुखी दिखाई पड़ती हैं
नैनो को बस झुकाए बैठी
आंसुओं से लड़ती है।

अपनी सारी रानियों के संग
दशानन तभी बाग में आया
साम दाम दण्ड और भेद

जानकी को सब दिखलाया
एक बार तो मुझको देखो
मैं ये शीश झुका दूंगा
रानियों को बना कर दासी
तुम्हे पटरानी बना लूंगा।

तिनके की बस और देख कर
जानकी ने उसको समझाया
जुगनू के जैसा तू केवल
और सूर्य हैं मेरे रघुराया
शौर्य की तू बातें करता
बड़ा प्रताप है दिखलाया
असहाय थी मैं अकेली
जब तू मुझको हर लाया।

तिनके की बस और देख कर

मेरे राम के बाणों से
तू अब तक अंजान है
तेरा अंत है होने वाला
ये सीता उनका मान है
मुझे बचाने मुझे ले जाने
वो जल्द ही लंका आयेंगे

तुझ पापी का करके वध
धरती को मुक्त कराएंगे।

ये सुन रावण क्रोध में आया
गुस्से में कृपाण उठाया
मान ले मेरी विनती सुमुखी
अन्यथा तेरा अंत है आया
मंदोदरी ने उसको रोका
और धर्म का ज्ञान कराया
रावण ने भी कहा मान कर
सब दासियों को बुलवाया।

एक मास का समय हुं देता
तुम सब इसको समझाओ
जैसे भी हो कैसे भी हो
इसको सारा भय दिखलाओ
फिर भी यदि ना माने तो
इसके प्राण मैं हर लूंगा
एक ही वार बहुत है मेरा
सिर धड़ से जुड़ा कर दूंगा।

त्रिजटा ने सबको समझाया

राम नाम का अर्थ बतलाया

सीता की सेवा कर लो

सबको अपना स्वप्न सुनाया

एक वानर ने जला दी लंका

सब राक्षसों को मार गिराया

भयभीत भयावह से थे सब

रावण का था अहम मिटाया।

नग्न अवस्था में रावण देखा

जाता हुआ यम पुरी की ओर

विभीषण बन गए लंकापति

जय श्री राम बस चारों ओर

ये स्वप्न नहीं ये आइना है

जो कल की बातें दिखलाता

वो ही जीवित रह पाएगा

जिसपे कृपा करें जानकी माता।

सोच में बैठी सीता माता

एक मास का समय मिला है

किस विधि ये देह त्याग दूं

विरह असहाय हो चला है
रावण की ये कर्कश वाणी
दिल को बहुत सताती है
हे राम तुम कहां हो स्वामी
क्या याद ना मेरी आती है।

हनुमत ने गिरा दी अंगूठी
झट जानकी ने उठा लिया
पहचान गई वो राम नाम को
और हृदय से लगा लिया
प्रकट हुए हनुमान जी फिर
सारा हाल कह सुनाया
प्रभु राम का सेवक हुं मैं
संदेसा उनका लेकर आया।

प्रेम भरी सब राम की बातें
कितना सुख दे जाती हैं
कैद में भी सीता माता
बस उसमे ही खो जाती हैं
अश्रु की धारा बह निकली
जब राम की सारी व्यथा बताई

आंखों में पीड़ा ही थी बस
और होठों पर जय रघुराई।

जानकी को तब भी उन पर
पूर्ण भरोसा न आया
तब राम भक्त ने उनसे अपना
सारा परिचय कह सुनाया
अंजनि पुत्र हुं पवन सुत हुं
नाम से बस हनुमान हुं
राम नाम को छोड़ के सारी
सृष्टि से अंजान हुं।

कोई ना मेरा अपना है
ना ही कोई पराया है
इस जीवन में जो कुछ भी है
बस श्री राम रघुराया हैं
उनकी भक्ति उनकी सेवा
एक यही बस धरम है मेरा
राम नाम के आगे मैने
सारी दुनिया को ठुकराया है।

पुलकित हो गई सीता माता
ये भक्ति तो अपवाद है
हर इच्छा पूरी हो तेरी
मेरा ढेरों आशीर्वाद है
कह डालो वो सारी बातें
जो भी कहने आए हो
क्या कहलाया मेरे नाथ ने
क्या संदेसा लाए हो।

तुम बिन सारा जग है सूना
कुछ ना दिल को भाता है
रात्रि का शीतल चंद्रमा
भी जैसे सूर्य बन जाता है
पेड़ों के ये पत्ते कोपल
भालों के जैसे चुभते हैं
बरसते मेघों का ये पानी
जैसे तीर बन जाता है।

किससे अपना दुख में बांटू
बस तुमसे ही कह पाता हुं
जब तुम साथ नहीं हो मेरे

बस तकता सा रह जाता हुं
इतनी सी बात समझ लो तुम
प्रेम सार बतलाता हुं
तुम हो तो ही मैं हुं पूरा
वरना आधा सा रह जाता हुं।

हे माता धीर धरो बस
विरह के दिन जाते हैं
तुम्हे लिवाने समुद्र लांघ कर
प्रभु राम बस आते हैं
यूं तो मैं ले जाऊं तुमको
क्षण भर की सारी बात है
अधर्मी संग भी धर्म ना छोड़ें
मर्यादा पुरुषोत्तम विख्यात हैं।

ये सब सुन सीता माता ने
हनुमत का आभार किया
अजर अमर रहो गुणों के स्वामी
आशीर्वादों का अंबार दिया
हनुमान ने भी बारंबार
उनके चरणों में शीश नवाए

वो सब से निर्भय हो जाते
जिसको ऐसा आशीष मिल जाए।

चंचल स्वभाव के होते वानर

चंचलता उनके मन कर आई

थोड़े फल खा भूख मिटा लूं

जो आपकी आज्ञा हो माई

राम नाम का कवच है पहना

नहीं किसी से डर जाऊं

जो होगा देखा जायेगा

बाकी कृपा करें रघुराई।

सीता जी से आज्ञा पाकर

हनुमान ने कूद लगाई

पेड़ों पर उछल कूद मचाकर

फल खा कर अपनी भूख मिटाई

बगिया में मच गई त्राहि त्राहि

कई सारे पेड़ उखाड़ दिए

जो भी राक्षस सामने आए

वहीं उसी धरा में गाड़ दिए।

ये सुन रावण ने योद्धा भेजे

जिन्हे हनुमान ने मसल दिया

अक्षय कुमार रावण का बेटा

पल भर में ही कुचल दिया

क्रोधित होकर आया मेघनाद

असंख्य सेना लाया था

पर उसको भी छका दिया

पकड़ कोई ना पाया था।

आखिर थक कर मेघनाद ने

ब्रह्मास्त्र को याद किया

ब्रह्मा की महिमा रखने को

हनुमान ने ना प्रतिकार किया

जब गिरे वो मूर्छित होकर

नाग पाश में बांध लिया

चला मेघनाद सभा की ओर

रथ में उनको लाद लिया।

रावण बोला कौन है वानर

यह दृष्ठता का कैसा प्रमाण है

उजाड़ दिए क्यों वन ये सारे

इस उद्दंडता में कैसी शान है
अनभिज्ञ है क्या नाम से मेरे
जो मेरे सेवक मार दिए
जो मुझसे टकराए समझो
उसने प्राण हार दिए।

जिसके कहे चले महामाया
चलता ये संसार है
ब्रह्मा विष्णु महेश भी करते
जिसका चिंतन बारंबार है
जिसके बल से शेषनाग
सृष्टि को धारण करते हैं
जिसके तप से देवगण
भक्तों का तारण करते हैं।

देवों की रक्षा करने को को
नित खेल नए खिलाते हैं
खर दूषण बाली को मारें
एक पल भी नहीं लगाते हैं
जिनके बल के लेश मात्र से
तूने सब जग जीत लिया
जिसको कुटिया में रावण भी

छुप कर सेंध लगाते हैं
उस त्रिलोकी अंबरीश्वर का
मैं संदेसा लेकर आया हुं
हनुमान कहते हैं मुझको
तेरा अहम मिटाने आया हुं।

इतनी दूर से आया हुं मैं
भूख मुझे लग आई थी
ताजे मीठे फलों को खा कर
ये ज्वाला शांत कराई थी
जब दानव मुझ पर टूट पड़े
तो उन सब का संहार किया
कोई और नहीं था मार्ग बचा
मेरी जान पर बन आई थी।

हे रावण मेरी बात सुनो
वानर तुमसे विनती करता है
अहम छोड़कर शरण में आओ
जग जिनकी भक्ति करता है
दुष्ट पापियों के संहारक
वो दीनों के दुख हरता हैं

क्षमादान दे देते उसको
जो सच्ची प्रीति करता है।

पुलत्स्य ऋषि के पौत्र हो
जरा तो उनका मान बढ़ाओ
चंद्रमा जैसा यश है उनका
उसमे यूं ना कलंक लगाओ
सारे कुल का नाम मिटाने
बस एक चिंगारी काफी है
चला है सब का नाश कराने
तू कैसा महा प्रतापी है।

रावण को तनिक ना भाई
प्रभु राम की सब गाथाएं
हंस के बोला बस कर वानर
ये सब डींगें मिथ्या हैं
अंत समय है तेरा आया
तू मुझको पाठ पढ़ाता है
बचा सके जो बुला ले उसको
जो भी तेरा विधाता है।

रावण का आदेश मानकर
सैनिक हनुमत पर टूट पड़े
तभी विभीषण स्थान से उठ कर
बीच सभा में कूद पड़े
नीति नहीं की दूत को मारें
ये धरम नहीं सिखाता है
इसके दीजे दंड कोई दूजा
जिससे यह घबराता है।

वानर को होती पूंछ है प्यारी
उसमे आग लगाते है
कपड़ा लाओ तेल मंगवाओ
इसको मजा चखाते हैं
बिन पूंछ का जब ये वानर
जायेगा अपना सा मुंह लेकर
वनवासी को सबक मिलेगा
कोई जीता नहीं मुझसे टकराकर।

ये सब सुन हनुमत मुस्काए
मन ही मन में वो हर्षाए
खेल गए वो खेला अपना

पूंछ की थी लंबाई बढ़ाई

वस्त्र बांधकर तेल लगाकर

पूंछ में फिर आग लगा दी

हनुमान ने तोड़ कर बेड़ी

सभा से बाहर कूद लगा दी।

एक महल से दूसरे पर

वो झट से चढ़ जाते थे

एक पल भी जहां वो ठहरें

वहीं पर आग लगाते थे

नगर में हाहाकार मचा दी

सारी नगरी आप जला दी

जल उठे भवन जल गए उपवन

सारी लंका राख बना दी।

कूद समुंदर आग बुझाकर

जा सीता मां को शीश नवाए

हे माता दे दो कोई निशानी

जो सेवक प्रभु तक ले जाए

चूड़ामणि संग संदेसा भेजा

हे नाथ प्रभु कब आओगे

एक मास से देर हुई तो
मुझको जीता ना पाओगे।

एक बार फिर समुद्र लांघकर
जा प्रभु चरणों में शीश नवाया
जो कुछ घटित हुआ लंका में
वो सारा वृत्तांत कह सुनाया
कष्ट में हैं सीता माता
बस याद प्रभु को करती हैं
ओढ़नी बना है अंबर उनका
और बिछौना ये धरती है।

चूड़ामणि दे दी प्रभु को
और माता के वचन सुनाए
चरणों की दासी हुं स्वामी
मुझको लेने क्यों नहीं आए
किंचित एक दोष मेरा भी है
निकले नहीं ये प्राण जो अब तक
प्रभु चरणों में चित्त लगा है
इसीलिए ऐसा हो ना पाए।

विरह की अग्नि में जलती हुं
ये शरीर जैसे कपास है
जल सकता है क्षण भर में
पवन सरीखी ये श्वास है
पर नैनों से गिरते ये आंसू
यह देह ना जलने देते हैं
बेदम हुं बेनूर हुं
बस प्रभु दरस की आस है।

नैनों से जल धारा बह निकली
फूट फूट कर रोए भगवान
सीता की तुम खबर ले आए
हो शूरवीर वानर महान
ना तुम जैसा उपकारी कोई
ना ही कोई दूजा बलवान
सदा ऋणी रहूंगा तेरा
है धन्यवाद वीर हनुमान।

सुग्रीव बुलाए कूच करो अब
और विलंब नहीं करना है
रावण मारें जानकी छुड़ाएं

जो करना है वो करना है

सुन कर राम का ये उदघोष

देवों में भी आया जोश

करें स्तुति फूल बरसाएं

मिटेंगे सारे सब के दोष।

भालू वानर रीछ की सेना

निकल पड़ी समुद्र की ओर

वानर योद्धाओं के बल से

सहर उठी धरती घनघोर

समुद्रों पर उफान सा आया

पर्वतों पर तूफान सा आया

मंत्रमुग्ध से चले वो ऐसे

बस राम नाम की पकड़े डोर।

लंका वासी भयभीत थे सारे

एक वानर लंका जला गया

जिस लंका को कोई ना जीता

उस नगरी को राख बना गया

जब सेवक का ये बाहु है

स्वामी का सामर्थ्य क्या होगा

ऐसी शक्ति से भिड़ जाना
निश्चय ही निष्फल व्यर्थ होगा।

मंदोदरी ने रावण को समझाया
राम नाम का अर्थ बतलाया
दे दो सीता मांग लो माफ़ी
ये ही सुख का मार्ग दिखाया
त्रिलोक विजेता रावण हुं मैं
तेरा मन क्यों ऐसे घबराया
है शिव का दान ब्रह्मा का ज्ञान
मुझसे कोई ना बच पाया।

सभा में विभीषण आए
दशानन को बहुत समझाए
पर नारी पर प्रीति अधर्म है
ये घोर पाप वंश मिटाए
काम क्रोध मद और लोभ
बस नरक की राह ले जाएं
राम नाम को भजिए नाथ
यही भव सागर पार कराए।

प्रभु राम सृष्टि के पालक
स्वयं काल के भी काल हैं
धरम ज्ञान यश और बल
सब गुणों से मालामाल हैं
वो अजर अमर अनंत अनादि
थामे इस धरती का पाल हैं
माफ करें जो शरण में आए
उनका हृदय बहुत विशाल है।

बैर छोड़कर शीश नवाओ
जानकी माता उन्हे लौटाओ
परम स्नेही प्रभु हैं मेरे
जाओ उनकी शरण में जाओ
पुलस्त्य ऋषि ने संदेश भिजवाया
समय देख कर तुम्हे बताया
तीन लोक के स्वामी हैं वो
जय श्री राम जय रघुराया।

ये सुन रावण क्रोध में आया
विभीषण पर भीषण गरजाया
शत्रु की तू पूजा करता

तेरा अंत निकट अब आया

रे मूरख जहां में कौन है ऐसा

जिसका मुझसा प्रताप है

जा उधर ही जा कर मिल जा

और सुना जो भी प्रलाप है।

ये कह कर उसको लात मार दी

और ढेरों ढेर अपमान किया

विभीषण ने फिर भी केवल

अंतर्मन का आह्वान किया

राम नाम में प्रेम भरा है

अब राम द्वारे जाता हुं

जिन चरणों में भक्ति है मेरी

वहीं जाकर शीश नवाता हुं।

जिस पल विभीषण लंका छोड़ी

दानवों का दंभ टूट गया

जिस घर हो अपमान साधु का

वो प्रभु कृपा से छूट गया

क्या कोई जाने किसका सत्कर्म

किसको कब थामे रखता है

जिस क्षण विभीषण रावण त्यागा
संग रावण का मंगल लूट गया।

विभीषण जाते राम के पास
मन ही मन वो हर्षाए
प्रभु चरण को स्पर्श करूंगा
जो उनको छू ले वो ही तर जाए
चरण लगाए अहिल्या तारे
जिन चरणों को केवट पाखारे
जिनकी चरण पादुकाओं को
रख सिर पर भरत पधारे
रोम रोम पुलकित है मेरा
काश मैं धन्य हो जाऊं
अपने इन नेत्रों के जल से
उन चरणों को धो पाऊं।

जब पहुंचे वो राम के खेमे
प्रभु ने उनको बुलवाया
उसने देखा साक्षात प्रभु को
कुछ पल को तो होश ना आया
कमल नैन विशाल भुजाएं
चौड़ी छाती शीतल मुख

एक बार जो दर्शन कर लें
पा जाए वो परम सुख।

हे नाथ हे दुखियों के रक्षक
हे परमपिता हे रघुराई
दानव कुल का जन्मा हुं मैं
हुं दशानन का छोटा भाई
तेरा यश है चारों ओर
जिसको सुनकर मैं आया हुं
अपनी शरण ले लो मुझको
अपनों का बहुत सताया हुं।

विभीषण को फिर गले लगाकर
प्रभु ने अपने पास बिठाया
अपनी शरण में लेकर उसको
मन का सारा भय मिटाया
दुष्टों के बीच में रहते हो
अनेकों कष्ट तुम सहते हो
नीति रीति के पालक हो
लंका में कैसे रहते हो।

राम कृपा हुई है मुझ पर
राम के दर्शन कर पाया
लोभ मोह मद माया जैसे
व्यसनों से पार है पाया
राक्षस कुल में जन्मा हुं मैं
इस पर भी प्रभु ने अपनाया
अपने भाग्य पर इतराऊँ
मिल गए मुझको मेरे रघुराया।

तुरंत विभीषण को गले लगाया
समुद्र का फिर जल मंगवाया
दर्शन का फल उसको दे कर
उसका राज तिलक करवाया
लंकापति उसे वहीं बना कर
सब में उसका मान बढ़ाया
चारों ओर बस एक ही शोर
जय श्री राम जय रघुराया।

प्रभु राम ने फिर पूछा सबसे
किस विध समुद्र पार हम जाएं
गहरा और अत्यंत भयावह

कैसे ये सेना पार पहुंचाए
हैं जहरीले मगर और मछली
जोखिम भरा ये काम है
सबको सकुशल पार करा दे
कौनसा है वो उपाय।

विभीषण बोले हे रघुनाथ
नीति कहती एक ही बात
पहली कोशिश में हो विनती
दूजे में फिर करो आघात
समझ बूझकर बतला देंगे
ये समुद्र देव कोई उपाय
जिससे रीछ वानरों की ये सेना
सहर्ष ही उस पार हो जाए।

प्रभु राम को कथन सुहाए
शीघ्र ही समुद्र तट पर आए
समुद्र देव को शीश नवाकर
वहीं पर एक आसान बिछवाए
बैठ गए फिर स्तुति करने
करें समुद्र देव का आह्वान

हे देव कोई मार्ग दिखा दो
कर दो लंका गमन आसान।

समुद्र को भी अहम बड़ा था
प्रभु की विनती ना मानी
तीन दिवस बीत गए यूं
करता रहा वो मनमानी
प्रभु राम क्रोधित हो बोले
प्रीति के लिए भी भय जरूरी
मेरा धनुष बाण ले आओ
सुखा देने की उसको ठानी।

श्री राम ने धनुष उठाया
ये सब लक्ष्मण को अति भाया
समुद्र का हृदय डोल गया जब
प्रभु ने अग्नि बाण चढ़ाया
जीव जंतु सब व्याकुल हो गए
सब के मन में भय भर आया
तब समुद्र अहम छोड़कर
भागा प्रभु की शरण में आया।

हे प्रभु मुझे माफ कीजिए
मुझको अभय दान दीजिए
स्वभाव से ही जड़ बुद्धि हुं
मेरी विनती मान लीजिए
ये बाण चला तो त्राहि त्राहि
जलधि में मच जायेगी
सेवक हूं मैं शरण में आया
खुद ही अब इंसाफ कीजिए।

श्री राम मुस्का कर बोले
हे तात फिर आप बताएं
लंका तक हम जा पाएं
कौनसा है वो उपाय
दो वानर सेना में हैं ऐसे
जो छू लें तो पत्थर तैराएं
नल नील नाम हैं उनके
उनसे एक सेतु बंधवाएं।

इस सेतु के निर्माण कार्य में
सारी सृष्टि जुड़ जायेगी
मिट जाएगी जल्द ये बाधा

सेना लंका जा पाएगी
ये कह कर समुद्र देव ने
राम चरणों में शीश नवाए
मन के भीतर राम को भर के
वापस समुद्र में जा समाए।

लंका काण्ड

तुरंत ही राम सुग्रीव बुलाए
उनको फिर ये वचन सुनाए
अब देरी ना हो क्षण भर की भी
चलो मिल कर एक सेतु बनाएं
दसों दिशा में दौड़ गए सब
चुन कर पत्थर पर्वत लाए
राम नाम की महिमा ऐसी
वो सब पानी पर तैरायें।

नल नील ने शिल्प कला का
एक उत्कृष्ट उदाहरण पेश किया
राम नाम क्या कर सकता है
सब जग को ये संदेश दिया
जो राम शरण में आ जाए
वो राम कृपा से भर जाए
जीव जंतु की बात करें क्या
पत्थर भी सागर तर जाए।

प्रभु राम ने समुद्र तट पर
महादेव की आराधना की
कितने ही ऋषि मुनि बुला कर

एक शिवलिंग की स्थापना की
आराध्य देव हैं शिव जी मेरे
जो भी उनको ध्याता है
उनकी अलौकिक भक्ति से
स्वताः मुझे पा जाता है।

इस शिवलिंग को जो ध्याएगा
इस पर जो जल चढ़ाएगा
छूट जाएगा जीवन मरण से
मुक्ति वो पा जाएगा
इस सेतु के दर्शन पा कर
रामेश्वरम में सिर नवाकर
सबको सब मिल जायेगा
हर मुश्किल से तर जायेगा।

चरण पड़े सेतु पर जब
तीन लोक के स्वामी के
दर्शन पाने खड़े हो गए
जलचर सभी सलामी दें
होड़ लगी थी आपस में बस
प्रभु को आंखों में भर लें

जिसकी कृपा से सब तर जाते
देख कर उसको हम भी तर लें।

चली सेना लंका की ओर
जय श्री राम बस चारों ओर
अति विशाल सेना थी ऐसी
जिसका कोई ओर ना छोर
एक ही सुध बस एक ही रट
काम प्रभु के आना है
प्राण न्योछावर भी हो जाएं
पर माता को छुड़वाना है।

रावण तक भी ख़बर ये पहुंची
समुद्र पर सेतु बांध लिया है
घबराकर के उठा दशानन
क्या सचमुच ऐसा काम किया है
भय को अपने अंदर छुपाकर
ऊपर से झूठी हंसी दिखाकर
महल में वो चला गया
अपने अहम में भरमाकर।

मंदोदरी ने पुनः समझाया
क्रोध त्याग कर बात सुनो तुम
वो राम अपरंपार हैं
सोच समझ के बैर चुनो तुम
वो विष्णु के अवतारी हैं
सब अधर्म पर भारी हैं
जब पाप से धरती डोल गई
हर बार उन्होंने तारी है।

उनके चरणों में झुक जाओ
जानकी जी उन्हे लौटाओ
राज पाट दो सौंप पुत्र को
वन में जाकर धूनी रमाओ
तुमने जीते लोक ये सारे
देव दानव सब तुमसे हारे
वक्त है वन गमन का आया
हरि भजो अब हरी सहारे।

रावण ने अपनी प्रभुता समझाई
करने लगा खुद अपनी बड़ाई
कौन है योद्धा इस सृष्टि में

जिसने मुझे मात ना खाई
हो देवता दानव या मनुष्य
कोई ना मुझसे बच पाए
सबसे बड़ा हुं बाहुबली मैं
व्यर्थ हो तुम क्यों घबराए।

हे स्वामी जरा विश्वास कीजिए
मेरे कथन पर ध्यान दीजिए
राम स्वयं हैं विश्व स्वरूप
अपने अहम को ना मान दीजिए
जग सारा जिनकी पूजा करता
जिनको शीश नवाता है
वो इस सृष्टि को थामे हैं
वो ही परम विधाता हैं।

चरणों में पाताल लोक है
ब्रहम लोक सिर पर साजे
अन्य लोक सब अंग हैं जिसके
उसके कण कण धरम विराजे
जिसकी भृकुटी काल चलाए
आंखों में सूर्य जल आए

उसके रूप को अलौकिक करते
बादल बालों में लहराए।

अश्विनी कुमार जिसकी नाभि
ये दसों दिशाएं कान हैं
श्वास से जिनकी वायु चलती
वेद करते जिसका गुणगान हैं
यमराज जैसे दांत हो इनके
माया बनी मुस्कान है
अग्नि मुख और वरुण जिव्हा
वो सृष्टि का कल्याण हैं।

खुद ब्रह्मा जिनकी बुद्धि हैं
हैं महाशिव जिसका अहंकार
चंद्रमा सी मन में शीतलता
और विष्णु जैसा चमत्कार
उस परमपिता सर्वेश्वर ने
मनुष्य रूप ये धारा है
चरण पकड़ लो तुम भी स्वामी
अब वो ही एक सहारा हैं।

सुनकर पत्नी के वचनों को
दशानन खुल के मुस्काया
आठ अवगुण हर स्त्री में होते
ऐसा सब उसको समझाया
भय मूर्खता अपवित्रता निर्दयता
साहस झूठ चंचलता और माया
इसके कारण वश ही तुमने
शत्रु का गुणगान यूं गाया।

जब सृष्टि है ये मेरे वश में
तो शत्रु कैसे बच पाएगा
होगा वही जो में चाहुंगा
ये मेरा बाहु बल करवाएगा
यदि सारा विश्व समेटे है वो
तो डरने की क्या बात है
तीन लोक को जीता मैंने
मुझ पर महादेव का हाथ है।

प्रभु राम ने सभा बुलाई
आगे का कुछ करो उपाय
जाम्बवान बोले सिर झुकाकर

विवेक अनुसार ये मेरी राय
युद्ध से पहले एक बार
एक शांति दूत तो भेजा जाए
महाबली बाली के पुत्र हैं अंगद
मेरी समझ में ये ही जाएं।

अंगद को फिर पास बुला कर
प्रभु राम ने कहा समझा कर
तुम शूतवीर हो अति चतुर हो
शांति सन्देश दे दो जाकर
प्रभु चरणों में शीश नवाकर
प्रभु चरणों में वंदना गा कर
चल पड़ा सोचते लंका की ओर
कौन है रावण जरा देखूं जाकर।

टकराया अंगद रावण अंगज से
क्रोध की लौ उठी हर अंग से
बात ही बात मैं द्वंद हो गया
दोनो का मस्तिष्क मंद हो गया
दोनो ही बड़े अतुल्य वीर थे
दोनो के ही हृदय अधीर थे

उसने अंगद पर लात उठाई
अंगद ने वहीं पटक कर मुक्ति दिलाई।

यह दृश्य देख राक्षस घबराए

उसे सीधे महल का पता बताए

लगे सोचने अब क्या होगा

तब लंका जली अब क्या होगा

आने की खबर महल जा पहुंची

हर तरफ बस ये ही शोर

राम नाम का सुमिरन करते

अंगद चला महल की ओर।

सुनकर रावण बहुत हर्षाया

अब देखें कौनसा वानर आया

दौड़ा दूत ये आज्ञा पाकर

लिवा लाया अंगद को जाकर

अंगद ने रावण को देखा

था वो कोई पर्वत समान

बाहु दरख़्त चमकता शीश

मुंह नाक आंख सुरंग समान।

रावण बोला कौन है वानर
बोला प्रेम से हाथ जोड़कर
मैं दूत हुं प्रभु राम का
संदेसा है तेरे काम का
उत्तम कुल में जन्मे हो तुम
पुलत्स्य ऋषि के नाती हो
राक्षस योनि का है प्रभाव
तुम स्वभाव से उत्पाती हो।

ब्रह्मा और शिव को खुश किया है
बरसों तुमने तप किया है
इस शौर्य को पाने को
कई युगों तक जप किया है
तुम अपने इस मद में चूर
एक भीषण त्रुटि कर आए हो
जगत जननी जगदंबा को
तुम लंका में हर लाए हो।

दांतों तले ये जीभ दबा कर
अपना घमंडी शीश झुकाकर
प्रभु चरणों में गिर जाओ

और माता तुम उनको लौटाओ

भोले हैं मेरे राम मुरारी

करेंगे माफ ये भूल तुम्हारी

क्षण भर को भी भय न करना

वो हैं सारी सृष्टि के तरणा।

भड़क उठा रावण ये सुनकर

ऐ वानर जरा बोल संभलकर

देवताओं का शत्रु हुं मैं

जीता नहीं कोई मुझसे उलझकर

कौन है तू कहां से आया

जरा मुझको अपना नाम बता

मित्रता की दुहाई तू देता

कहां है रहता क्या तेरा पता।

महाबली बाली का पुत्र मैं हुं

और अंगद मेरा नाम है

प्रभु चरणों में है बसेरा

मन में राम का धाम है

इतना व्याकुल क्यों होता है

तेरा समय बस आता है

जो प्रभु से बैर करे तो
उसको कौन बचाता है।

मेरे प्रताप से तू है अंजान

ये मुकुट है त्रिलोक की शान

इस बाहुबल से जीता सब कुछ

मैं हुं महाबली रावण महान

कोई नहीं जो तेरे दल में

मुझसे लड़ भी पाएगा

जो स्त्री वियोग में हैं व्याकुल

वो क्या शस्त्र उठाएगा।

यह भी सत्य कहते हो तुम

कोई नहीं जो तुमसे लड़ पाए

है कोई नहीं हमारे दल में

जो तुमसे लड़े और शोभा पाए

प्रेम और बैर करो बराबर से

यही नीति का कहना है

यदि शेर हिरण को मारे

ये किस योद्धा का गहना है।

हे अंगद तू स्वामिभक्त है
तू भक्ति की खान है
राम के इतने गुण तू गाता
तू वानर चपल महान है
तीन लोक का मैं हुं स्वामी
सब वेदों का ज्ञाता हुं
इन जली कटी बातों से मैं
तनिक भी ना भरमाता हुं।

हैं रावण कितने दुनिया में
जरा मुझको ये तो बता
जिस जिस का ज्ञान है मुझको
कहता हुं मैं वो सारी कथा
इक जिसको बच्चों ने पाताल में
खेल खेल में बांधा था घुड़साल में
फिर जब दया बाली को आई
छुड़ाया उसको इस हाल से।

एक को अद्भुत वस्तु जानकर
ससहत्रबाहु ने था पकड़ लिया
करवाता था नित नए तमाशे

अपने जाल में जकड़ लिया
ज्ञात हुआ जब पुलस्त्य ऋषि को
जाकर उसको छुड़वा लाए
वीरता का ये अजब नमूना
कुछ भी मेरी समझ ना आए।

और एक रावण को भी था
उसके तो बस क्या ही कहने
बाली के बल से हारा था वो
जिसको बाली बगल में पहने
हे रावण इतनी सी विनती मेरी
ऐसे तो ना बिचलाओ तुम
इन सब में से कौन हो तुम
जरा सत्य तो बतलाओ तुम।

ये सब सुन रावण गुर्राया
था आंखों में खून उतर आया
गरज के बोला मूर्ख वानर
नहीं मैं कोई साधारण नर
सारे जग का शासक हुं
महादेव का महा उपासक हुं

मेरे शौर्य की गाथाएं
त्रिलोक में गूंजा करती हैं

मेरे बाहु से भयभीत
ये धरती थर थर करती है
हैं जितने भी दिग्गज टकराए
मुझसे पार नहीं पा पाए
इस जगत विजेता रावण को
तू पहचान नहीं पाया है
जा लौट जा अपनी मांद में
जहां से भी तू आया है।

क्रोधित होकर अंगद ने फिर
रावण को ये वचन सुनाया
राम नाम की महिमा का
उसको कुछ संज्ञान कराया
जिसका फरसा सहस्त्रबाहु पर
अग्नि बन कर बरसा था
जिसका फरसा क्षत्रियों पर
अनेकों अनेक बार गरजा था
उस परशु के अभिमान को
पल भर में ही तोड़ दिया

जिससे मिल कर उस रौद्र ने
अपना स्वभाव यूं छोड़ दिया
उस प्रभु को अब तक क्यों
तू समझ ना पाया है
जिसको बस एक मानव समझे
ये खेल उसका रचाया है।

तू सब वेदों का ज्ञाता है
फिर क्यों समझ ना पाता है
प्रभु राम को मानव समझे
कामधेनु बस गैय्या
कल्पवृक्ष को समझे पेड़
मां गंगा को तलैय्या
चिंतामणि क्या पत्थर है बस
और शेषनाग बस सांप
रघुनाथ की भक्ति में ही
इस जीवन का लाभ
यदि इतनी पर भी तुझको
कुछ समझ ना आएगा
तो ब्रह्मा और रुद्र भी कोई
तुझको बचा ना पायेगा।

वशीभूत अपने अहंकार के

फिर रावण बोला हुंकार के

कुंभकर्ण जैसा भाई है मेरा

और पुत्र है मेरा मेघनाद

नहीं टिक पाता कोई शूरवीर

जब करते यह शंखनाद

इनके अमिट पराक्रम के किस्से

वक्त हमेशा रखेगा याद।

एक सागर पर सेतु बांध लिया

एक सागर को जो लांघ लिया

बस इतना सा ही करने पर

तुमने सब कुछ उसको मान लिया

सागर को तो एक पक्षी भी

यूं ही पार कर जाता है

कहते नहीं उसे शूरवीर

ना वो महान कहलाता है।

अपने इन बलशाली हाथों से

मैंने ये सब कुछ पाया है

राक्षस दानव या देव गंधर्व

सबको समक्ष झुकाया है
इस धरा पर ढूंढ लो कोई
जो आकर मुझसे टकराए
जिसके अंदर क्षमता हो
कहो वो मेरे सामने आए।

जिसकी तू गाथा गाता है
यदि वो कोई शूरवीर है
तो क्यों भेजा है शांतिदूत
क्या बेबस उसकी शमशीर है
जा कह दे अपने स्वामी से
मैं रण के लिए तैयार हुं
लंकापति रावण नाम है मेरा
मैं स्वयं काल का वार हुं।

ऐ दुष्ट ना बन तू बड़बोला
ये अहम की गठरी त्याग दे
मैं नहीं हुं कोई शांतिदूत
जो कहूं मैं उस पर ध्यान दे
यदि शेर सियार को मारे
उसमे कोई यश नही होता

यही जानकर मैं शांत हुं वरना
यहां कोई जीवित नहीं होता।

मैं तो सेवक का भी सेवक हुं
मर्यादा से बंधा हुआ हुं
प्रभु राम के सिमरन से ही
एक स्थान पर टिका हुआ हुं
वरना तुझको यहीं पटक कर
तेरी सेना के प्राण मैं हर कर
एक भीषण विध्वंस मचा जाऊं
संग मां सीता को ले जाऊं।

पर जो मृत हो पहले से
उसे मारना शान नहीं है
ऐसा कुछ सेवक कर जाए
इसमें प्रभु का मान नहीं है
मैं पुनः वचन दोहराता हुं
तुझे सदमार्ग दिखलाता हुं
क्षमा मांग ले पैर पकड़ ले
मुक्ति की राह बताता हुं।

सुनकर खून रावण का खौला
क्रोधित होकर भड़क कर बोला
जिसका तू गुणगान है करता
जिसकी तू कसमें है भरता
उसमे कुछ भी खास नहीं है
बल बुद्धि का वास नहीं है
ना है वो कोई विश्व विधाता
ना सीता कोई जानकी माता
जिसका तू बन कर दूत है आया
वो बस एक अदना सा मानव है
और ऐसे कितनों को खा जाएं
मेरी सेना में कितने दानव हैं।

ये सुन अंगद की भृकुटी तन गई
हाथों की उँगलियाँ मुट्ठी बन गई
दे मारा उनको फिर धरती पर
लगी कांपने सभा वो थर थर
खुद रावण का सिंहासन डोला
शिव शम्भू का डमरू डोला
सिर पर जो उसके राजमुकूट थे
आ पड़े धरती पर झट से
कुछ तो वापस सजा लिए

कुछ अंगद ने उठा लिए
फेंक दिए फिर गगन की ओर
चल पड़े प्रभु चरणों की ओर।

आदेश दिया फिर रावण ने

इस वानर को मार गिराओ

जो भी रीछ वानर मिल जाए

उसको तुम तुरंत खा जाओ

जाओ पकड़ो उस वनवासी को

और मेरे सम्मुख पेश करो

नहीं चाहिए कोई विलंब अब

सेना के संग कूच करो।

ऐ निर्लज ऐ कुलनाशक रावण

तेरा अंत समय अब आया है

मेरा ये कौशल देख कर भी

तू कुछ समझ ना पाया है

तू अति दुष्ट है

तू महा पापी है

पर नार पर आंखें डाले

तू घोर संतापी है।

ये सिर सारे कट जायेंगे

युद्ध भूमि में गिर जायेंगे

जो भी तेरे अपने हैं

सब मिट्टी में मिल जायेंगे

रह जायेगी लंका में बस

इन सारे नर मुंडो की माला

नहीं बचेगा तेरे कुल का

पानी भी कोई देने वाला।

राम नाम का सिमरन करके

अंगद ने एक काम किया

धरती पर अपना पैर जमाकर

फिर सबका आह्वान किया

ऐ सभासदों बलवान सुनो

ऐ रावण महान सुनो

मैं कसम राम की खाता हुं

तुमको ये वचन सुनाता हुं।

इस पैर को जो कोई हिला पाया

इसे जुदा ज़मीं से कर पाया

तो प्रभु राम करेंगे हार स्वीकार

हर ओर होगी तुम्हारी जयकार

ये सुन सबकी बांछें खिल गई

जैसे एक नई रोशनी मिल गई

मन ही मन सब मुस्काए

अंगद की मूर्खता पर हर्षाए।

सभा में थे योद्धा भरपूर

सब अपने बल के मद में चूर

डटा था अंगद अपने हाल

राम नाम की पहने ढाल

कोशिश की सबने बारंबार

पा ना सके अंगद से पार

जो राम नाम को गाता है

वो स्वयं पार हो जाता है।

मेघनाद फिर उठा अकड़ के

अंगद का पैर पकड़ के

झोंक दी अपनी ताकत सारी

अंगद पड़ गया सब पे भारी

तिल भर भी वो हिला ना पाया

अपनी इस हार पर लज्जाया

झुका के बैठ गया वो सर को
मान गया वो इस वानर को।

सब देखकर रावण चकराया
मन में उसके रोष भर आया
शंका ने था उसको घेरा
ये कैसी माया क्या है फेरा
अंगद के खुले आह्वान को
बचाने अपने कुल के मान को
सिंहासन से उतर के आया
फिर उसने अपना कदम बढ़ाया।

अंगद ने अपने पैरों को खींचा
और उसको ये कथन सुनाया
क्या रक्खा इन कदमों में
जिनको तू यूं हाथ लगाए
प्रभु राम के चरण पकड़ ले
तेरा जीवन सफल हो जाए
जो उनकी शरण में जायेगा
तेरा जन्म धन्य हो जायेगा

इस जीवन मरण के चक्रव्यूह से
तू स्वतः मुक्त हो जायेगा।

सुनकर ये सारी बातें
तेजहीन सा हो गया रावण
अपने सिर को नीचा करके
जा बैठा वो अपने आसन
मन में राम की भक्ति लेकर
अपने भीतर उनकी शक्ति लेकर
अंगद ने ब्रह्म नाद किया
और प्रभु राम को याद किया।

लौट के अंगद दल में आया
प्रभु चरणों में शीश नवाया
बड़े प्रेम से पास बैठाकर
प्रभु राम ने ये फरमाया
राक्षसों का तिलक है रावण
जिसकी तीन लोक में धाक है
किसकर उसके मुकुट ये फेंके
ये तुम्हारा महा प्रताप है।

हे स्वामी वो मुकुट नहीं हैं
वो राजा के चार धरम हैं
साम दाम दण्ड और भेद
नीति धर्म के चार चरण हैं
पर धरम रावण ने छोड़ दिया
प्रभु प्रीति से मुंह मोड़ लिया
इस कारण इन गुणों ने स्वामी
प्रभु चरणों से नाता जोड़ लिया।

फिर अंगद ने प्रभु राम को
लंका का सारा हाल बताया
रावण की सैन्य शक्ति का
पूरा वर्णन कह सुनाया
प्रभु राम ने उसी क्षण फिर
सबको ये एलान सुनाया
आक्रमण की करो तैयारी
रावण वध का समय है आया।

प्रभु का सुनकर आह्वान
निकल पड़े सब वीर महान
युद्ध करने को आतुर सारे

लेकर भाला गदा कृपाण
ना कुछ संशय ना डर है मन में
बस जय श्री राम ही गाते हैं
संभल जाओ ऐ लंका वालों
ये रण बांकुरे आते हैं।

जय श्री राम के नारों ने
अंबर में अमृत घोला है
रीछ वानरों के गर्जन से
ये सारा ब्रहमांड डोला है
लंका में भारी कोलाहल
ये कैसी सेना आती है
रावण कर उठा अट्टाहस
उसकी मति मारी जाती है।

देखो काल की कैसी माया
इस राक्षसों का आहार है आया
बहुत दिनों से भूखे हैं सब
अब जी भर के भोजन पाया
जाओ वीरों तुरंत ही जाओ
इन सबको पकड़ो सबको खाओ

बच के कोई ना जाने पाए
जाकर अपनी भूख मिटाओ।

हर ओर सजे थे ध्वज पताके
हर कोई अपने रथ को हांके
सब महावीर सब शूरवीर
सृष्टि के सबसे श्रेष्ठ लड़ाके
वो रज भी जैसे हो तैयार
इस युद्ध का भार उठाने को
उसके बेटे निकल पड़े थे
मां के आंचल में सो जाने को।

रण दुदुम्भी के बजते ही
रावण अंत की शुरुआत हुई
समय का सारा खेल था बाकी
ये तय था की उसकी मात हुई
अब कोई बचा ना पासा जो कि
उसकी जान बचा पाता
जो हरिहर से भिड़ जाए उसको
कोई वर काम नहीं आता।

हुआ शुरू फिर रण कुछ ऐसा

देखा नहीं था किसी ने जैसा

वानर से दानव जा टकराए

अद्भुत सा संगम था कैसा

घुस गए दानव दल में वानर

कुछ ऐसा उत्पात मचाया

तितर बितर कर दिए सब दानव

एक प्रचंड विध्वंस मचाया।

एक द्वार पर हनुमान ने

था मेघनाद को घेर लिया

उसे आगे बढ़ने से रोका

अपने फेर में फेर लिया

रथ तोड़कर अदिरथ मारा

मेघनाद पर वार किया

व्याकुल हो गया मेघनाद जब

सेना ने उसको धार लिया।

होता देख ऐसा नरसंहार

अतिकाय ने माया रच डाली

खून बरसने लगा अंबर से

हो गई रात स्याह सी काली
ये सब देख वानर घबराए
कुछ भी उनको समझ ना आए
रात्रि का बल पाकर दानव
कितने ही वानर मार गिराए।

ये माया देख प्रभु मुस्काए
तुरंत ही अग्नि बाण चलाए
हुआ उजाला मिटा अंधेरा
ये देख कर वानर हर्षाए
राक्षस दल के योद्धाओं को
दौड़ा दौड़ा कर मार दिया
उस युद्ध भूमि में लड़ते लड़ते
कितनों ने जीवन हार दिया।

रात हुई जब लंका में तो
रावण ने अपनी सभा बुलाई
सेनापतियों ने जो कुछ घटा था
रण की सारी कथा सुनाई
उन उत्पाती रीछ वानरों ने
नुकसान बहुत पहुंचाया है

लंका की सेना आधी कर दी
विफल उन पर सब माया है।

गहन विचार में डूब गए सब
सब अपनी अपनी राय धरो
इन दुष्टों को जो पार लगा दे
ऐसा तुरंत उपाय करो
मेघनाद उठा अकड़ के
ये में करके दिखलाऊंगा
इस पूरी वानर टोली को
में अकेला ही निबटाऊंगा।

नया दिन हुआ नया सवेरा
वानरों ने किले को घेरा
सहस्त्रों पर्वत उठा के फेंके
चारों ओर विध्वंस बिखेरा
मेघनाद ने देखा जब ये
उतर किले से तुरंत वो आया
छाती ठोके खड़ा वो रण में
सब योद्धाओं पर गर्जाया।

कहां हैं दोनो धनुर्धर भाई
लक्ष्मण और वो राम रघुराई
नल नील सुग्रीव और अंगद
देखो साक्षात मृत्यु है आई
कहर ढा दिया युद्ध भूमि में
कोई ना वानर बचने पाए
एक बाण से दस दस मारे
अपना प्रचंड बाहुबल दिखलाए।

मेघनाद ने रघुनाथ पर
फिर वचनों के बाण चलाए
बनी ना बात जब बातों से
अस्त्र शस्त्र हथियार चलाए
हुए ना विचलित पल भर को भी
बस यूं ही खड़े प्रभु मुस्काए
उसकी सारी शातिर चालें
खेल खेल में विफल कर जाएं।

आज्ञा लेकर निकले लक्ष्मण
मेघनाद से भिड़ने को
दोनो तरफ था अदम्य साहस

आतुर थे दोनो लड़ने को
चौड़ी छाती विशाल भुजाएं
पर्वत जैसा ललाट है जिनका
पृथ्वी को हैं धारण करते
जैसे वो जो कोई तिनका।

दोनो ही अद्भुत योद्धा थे
सेवा भाव से ओत प्रोत थे
कर्तव्य से कभी ना डिगते
निष्ठा का अनंत स्त्रोत थे
एक दूजे पर वार हैं करते
पर जीत कोई नहीं पाता है
भारी कभी एक है पड़ता
कभी दूजा आगे हो जाता है।

तरह तरह के छल और माया
सब मेघनाद ने अपनाया
इतना कुछ करने पर भी
लक्ष्मण जी को हरा ना पाया
संकट में अपने प्राण देख कर
मेघनाद ने शक्ति चलाई

जाकर लगी वो लक्ष्मण जी को
गिरे भूमि पर मूर्छा आई।

लक्ष्मण जी की जान बचाने
हनुमान वैद्य को ले आए
देख कर साक्षात प्रभु को
पहले चरणों में शीश नवाए
नब्ज़ देख कर हाल जांच कर
औषधि का वो नाम बताए
हिमालय पर मिलेगी केवल
कोई जाकर उसको ले आए।

प्रभु राम की आज्ञा पाकर
चले हनुमान स्तुति गाकर
आकाश मार्ग से जाता हुं
औषधि लेकर आता हुं
यदि प्रभु का सच्चा सेवक हुं
तो कुछ ना आड़े आएगा
बस अभी गया और आता हुं
ये संकट भी कट जायेगा।

जा पहुंचे वो पर्वत पर

पर औषध ना पहचान सके

उखाड़ लिया वो पर्वत सारा

हाथों पर थी शिला टिके

बिना विलंब वो निकल पड़े

तुरंत ही लंका की ओर

जल्दी वापस जाना था

कहीं न हो जाए भोर।

आकाश में उड़ते उनको देखा

हो आया भरत को धोखा

समझे वो कोई मायावी है

बाण चलाकर उनको रोका

बाण लगा गिरे धरा पर

जिव्हा पर बस राम का नाम

भरत उतावले होकर दौड़े

लिया गोद में उनको थाम।

जब हनुमान की मूर्छा देखी

मन में उनके दुख भर आया

उनको बहुत जगाया लेकिन

हनुमान को होश ना आया
अश्रु भरे थे आंखों में
मन ही मन पछताते थे
ये कैसे करम थे उनके
जो हर पल उन्हे सताते थे।

यदि राम का सेवक हुं मैं
ये तन मन उन पर वारा है
यदि राम के नाम बिना
एक पल ना मेरा गुजारा है
तो इसकी सारी पीड़ा हर लो
इसमें नई स्फूर्ति भर दो
इसका हो जाए कल्याण
जय श्री राम जय श्री राम।

ऐसी थी उनकी भक्ति अपार
तुरंत हो गया चमत्कार
हनुमान झट से उठ बैठे
चेहरे पर थी नई बहार
भरत ने उनको गले लगाया
खुशी के आंसू बहते थे

एक टक बस देखते जाते
मुंह से कुछ ना कहते थे।

हनुमान ने उनको सारी
संक्षेप में कथा सुनाई
लंका में हैं सीता माता
और कष्ट में राम रघुराई
शक्ति लगी लखन को रण में
मूर्छा उन पर आई है
औषधि लेकर मैं हुं जाता
भोर होने को आई है।

सब सुन भरत को दुख हो आया
अपनी करनी पर पछताया
पर समय का अकाल देख कर
हनुमान को वचन सुनाया
हे तात बची है रात अब थोड़ी
वो देखो सवेरा आता है
पर्वत सहित इस बाण पर बैठो
ये भरत तुम्हे पहुंचाता है।

हनुमान ने हाथ जोड़कर
जाने की फिर आज्ञा मांगी
धन्य हुआ मैं दर्शन पाकर
आपसा नहीं है कोई अनुरागी
मन में राम की शक्ति लेकर
मन में राम की भक्ति लेकर
चले हनुमत लंका की ओर
बस राम नाम की पकड़े डोर।

लक्ष्मण को यूं मूर्छित देख
प्रभु राम थे बड़े अकुलाए
आधी रात्रि बीत चुकी है
मारुति नंदन अब तक ना आए
हे लक्ष्मण तुमने मेरी खातिर
राज पाट सब छोड़ा है
फिर क्यों कर इतने रूष्ट हो
मुझसे यूं मुंह क्यों मोड़ा है।

मैं तो बस एक मामूली नर हुं
इस नर की तुम जान हो
इन बाहु का बाहुबल तुमसे
तुम्ही श्रम और ज्ञान हो

तुमसे ही ये सांसें चलती
तुम में ही ये प्राण पले
फिर छोड़कर अपने भ्राता को
क्यों तुम वैकुंठ धाम चले।

माता के तुम एक पुत्र हो
उनके जीवन की धार हो
खाली हाथ मैं कैसे जाऊं
इसमें तो कोई शान नहीं है
जो तुम मुझ तक लौट ना आए
तो जग में मेरा नाम नही है।

हनुमत पहुंचे तभी वहां पर
प्रभु ने उनको गले लगाया
सुषेण वैद्य ने औषधि लेकर
लक्ष्मण का उपचार कराया
जल्द ही उठ कर बैठ गए वो
प्रभु ने भाई को गले लगाया
अश्रु धारा आंखों से निकली
मन में था बस हर्ष समाया।

ये सुन रावण क्रोध में आया
व्याकुल हो कुंभकर्ण जगाया
हुआ घटित जो भी अब तक
वो सारा हाल कह सुनाया
कितने ही योद्धा मार गिराए
कितनों ने अपने प्राण गंवाए
क्या लंका में कोई ना ऐसा
जो इन वानरों से युद्ध कर पाए।

रावण की ये बातें सुनकर
कुंभकर्ण ने माथा पीट लिया
क्यों ये विपदा मोल ली भ्राता
जब सारा जग ही जीत लिया
जगत जननी को हर लाए हो
और इच्छा है कल्याण की
अब भी वक्त है भज लो राम
और रक्षा कर लो प्राण की।

जिसकी सेवा स्वयं करे हनुमान
वो हैं प्रभु श्री राम महान
जिसको हैं ध्याते ब्रह्मा महेश

वो ही सबके कृपा निधान
आओ भाई गले लग जाऊं
अंतिम प्रणाम करता जाऊं
प्रभु के हाथों जीवन तज के
जीवन मरण से मुक्ति पाऊं।

पर्वत जैसा वक्ष है जिसका
शरीर अति विशाल है
बरगद जैसी भुजाएं जिसकी
अभेद्य जिसकी खाल है
मायावी कुंभकर्ण को देख
वानरों ने हमला बोल दिया
सहस्त्रों शिखर उठा कर फेंके
शस्त्रों से उसको तोल दिया।

इस विराट मायावी दानव का
इन खेलों से क्या होना था
हो गई सारी कोशिश विफल
सब जैसे कोई खिलौना था
रणभूमि में वानर योद्धा
उसने पटक पटक के मारे

हलचल मच गई चारो ओर
भागने लगे वानर सारे।

सुग्रीव को मूर्छित करके
अपनी कांख में दबा लिया
वानर ने भी देख कर मौका
उसके नाक और कान चबा लिया
क्रोधित होकर कुंभकर्ण ने
सुग्रीव को पटक के मारा
वानर राज भी डटे रहे
झोंक दिया अपना बाल सारा।

राक्षस तो वो था पहले ही
और कुरूप अब हो गया
अपनी भयानक हालत देखी
और भी क्रोधित हो गया
सैकड़ों वानर मसल दिए
जाने कितनों को खा डाला
रण भूमि में विध्वंस मचाता
जैसे हाथी कोई मतवाला।

देख वानरों का ऐसा हाल
बदली राक्षस सेना की चाल
एक नए जोश एक नई उमंग से
फैला दिया फिर माया जाल
सब जाकर प्रभु को शीश नवाए
रण का सारा हाल बताए
कोहराम मचा है सेना में
भक्तों को अब राम बचाएं।

धनुष हाथ में कमर पर तरकस
माया का खेल हो गया अब बस
चले रघुनाथ रण की ओर
और शत्रु सेना पर गए बरस
एक बाण से सहस्त्रों मारे
कट कट गिर गए दानव सारे
कुंभकर्ण को समझ ना आया
जैसे दिन में दिख गए तारे।

किया उसने भीषण हुंकार
करके सिंहनाद हुआ तैयार
पर्वत शिलाएं उखाड़ कर फेंकी

बन गया वो अति खूंखार
प्रभु राम ने बाण चलाकर
शिलाओं का चूरण कर डाला
कितने ही अद्भुत बाणों से
कुंभकर्ण का छेदन कर डाला।

देह से उसकी लहु था बहता
अति तीव्र दर्द था सहता
रण भूमि में डटा था फिर भी
रावण की वो जय जय कहता
प्रभु ने अनुकंपा दिखलाकर
तीक्षण बाण धनुष चढ़ाकर
उसके सारे कष्ट हर डाले
गिरा वो देह से शीश कटाकर।

देवों ने शंख नाद किया
पूरी सृष्टि ने उन्माद किया
अंत निकट है अब रावण का
प्रभु राम का गुणगान किया
भक्त नहीं केवल, शत्रु भी
परम धाम को जाते हैं

जो प्रभु के हाथों मुक्त हुआ
वो तुरंत मोक्ष पा जाते हैं।

लंका में मातम था छाया
कोई भी कुछ समझ ना पाया
कुंभकर्ण का कटा शीश देख
रावण का मन बहुत दुखाया
लंकावासी शोकाकुल थे
शोक मनाती स्त्रियां सारी
निश्चित है अब कुल का नाश
आन पड़ी है विपदा भारी।

भोर भई जब सूरज आया
मेघनाद रण में गर्जाया
अस्त्र शस्त्र बरसे अंबर से
फैला दी उसने कुछ ऐसी माया
दसों दिशाओं से बाणों की
उसने ऐसी झड़ी लगा दी
व्याकुल हो गए वानर सारे
सेना में हलचल मचा दी।

मेघनाद का बाहु और माया
सब योद्धाओं पर भारी थी
नल नील अंगद हनुमान
अब आई सबकी बारी थी
जब रघुनाथ के समक्ष हुआ
तो नागपाश से काम लिया
प्रभु ने लीला दिखला दी
और खुद को उसमे बांध दिया।

जो तीन लोक के स्वामी हैं
जो अखंड जो अनंत हैं
जो सर्वव्यापी जो दया निधान
जो सृष्टि का कण कण हैं
ऐसे प्रभु श्री राम चंद्र
नित नई लीला करते हैं
उनको बस वो ही समझे
जो इनकी पूजा करते हैं।

सेना का सब हाल देख कर
जाम्बवान ने उसको ललकारा
पैर पकड़ घूमा कर उसको

धरती पर पटक कर मारा
फेंक दिया फिर उसे उठाकर
पाप की नगरी लंका में
वृद्ध हुं पर कमजोर नहीं
कोई ना रहे इस शंका में।

प्रभु राम के नागपाश को
गरुड़ ने आकार काट दिया
क्रोध पूर्वक वानर सेना ने
दानवों से रण पाट दिया
मूर्छा टूटी जब मेघनाद की
एक यज्ञ करने का ठान लिया
अजेय होकर ही मैं लौटूं
मन ही मन ये मान लिया।

वो अक्षिप्त यज्ञ मिटाने को
एक प्रखर विनाश मचाने को
चले लक्ष्मण लेकर सेना
मेघनाद को मोक्ष दिलाने को
यदि राम का सेवक हूं मैं
तो उसको मार गिराऊंगा

हर बाधा को हर अड़चन को
मैं आज पार कर जाऊंगा।

उसके यज्ञ को करके भंग
उस पर अनेकों प्रहार किए।
उठने को वो हो गया बाध्य
यज्ञ के संकल्प हार दिए
भीषण क्रोध था उसको आया
शत्रु सेना का संहार किया
जो कोई भी सामने आया
पल भर में उसको मार दिया।

खेल रचाया माया का फिर
रूप बदल कर लड़ता था
एक ही क्षण में गायब हो जाए
समझ ना कुछ भी पड़ता था
लक्ष्मण जी ने क्रोधित होकर
मन ही मन में ठान लिया
खत्म करूं अब खेल ये इसका
दिव्य बाण का आह्वान किया।

दशरथ के यदि पुत्र हैं राम
धर्म से कभी ना भटके राम
सदैव ही यदि सत्य है बोला
मर्यादा के यदि रक्षक हैं राम
तो मेरा यह दैवीय बाण
इस मेघनाद के हर ले प्राण
जग में मेरा बस एक सहारा
मेरे प्रभु श्री राम महान।

प्रभु राम के चरित्र के आगे
छल मेघनाद का हार गया
जैसे ही बाण लखन ने छोड़ा
मेघनाद जीवन हार गया
आकाश में चारों ओर बस
ढोल और नगाड़े बजते हैं
वंदन करते सब देवों के
मन में राम ही बसते हैं।

सूचना जब ये लंका पहुंची
गिर पड़ा रावण मूर्छाकर
तीव्र विलाप करती मंदोदरी

अपने पुत्र के देह को पाकर
वेदना से भरे थे हृदय
शोक मनाते सब नर नारी
था रावण के दुष्कर्मों का फल
आज इसकी तो कल उसकी बारी।

अब बचा था केवल रावण
अपने सारे पापों को ढोता
रहे सदा जो अधर्म के साथ
उसके साथ कोई ना होता
देवलोक में खुशी थी फैली
चहका हर कोना कोना था
जिस कारण ये खेल रचाया
उसका अंत अब होना था।

उतर गया रावण भी रण में
थी राक्षसों की सेना अपार
हाथी घोड़े रण बांकुरे
चमकती हर तलवार की धार
माया के प्रबल जोर में
चले अपने मद में मदमाते

धूल उड़ाते सूर्य छुपाते
जैसे नभ में बादल गर्जाते।

रावण ने फिर किया आह्वान
तुम सब दानव वीर महान
इन तुच्छ वानरों को खा जाओ
कर दो इन का काम तमाम
कहां छुपे हैं वो वनवासी
उनको दंड मैं देने आया हुं
कब तक मुझसे बच पाएंगे
मैं स्वयं काल का परछाया हुं।

विभीषण बोले हाथ जोड़कर
रावण आया है उस रथ पर
आप हैं स्वामी नंगे पांव
कैसे होगा ये युद्ध परस्पर
ना ही कोई कवच है पहना
ना पकड़ी कोई ढाल है
कैसे होगा रावण का वध
ये कैसा माया जाल है।

प्रभु राम ने विजय रथ का
सारा सार उन्हे समझाया
शौर्य धैर्य है रथ के पहिए
सत्य का है ध्वज फहराया
बल विवेक दम परोपकार
इस रथ को खींचा करते हैं
क्षमा और दया की डोरी से
इसको यूं हांका करते हैं।

सारथी है प्रभु का सिमरन
बुद्धि से शक्ति आती है
संतोष की तलवार सुशोभित
सुख और समृद्धि लाती है
निर्मल मन है तरकश जैसा
यम नियम से बाण हैं
गुरुओं का आदर कवच बना है
इसमें ही सब कल्याण है।

पास हो जिसके रथ इस जैसा
वो हार कभी ना पायेगा
रावण तो क्या स्वयं काल भी

उससे टकरा ना पायेगा
जीवन का यह मूल मंत्र है
धरम की डोरी पकड़े रहना
सत्य करुणा निष्ठा और प्रेम
ये ही हैं बस जीवन का गहना।

उधर रण में एक भयानक
युद्ध था पूरे उफान पर
दानव वानर भिड़े हुए थे
अपने अपने स्वामी के मान पर
रण भूमि में चारों ओर
बस वीर दिखाई पड़ते थे
ना आपस में दुश्मन था कोई
बस अपना धर्म निभाने लड़ते थे।

लखन ने रावण को ललकारा
झोंक दिया अपना बाल सारा
जितने भी उसके माया बाण थे
उन सबका दिया जवाब करारा
सहस्त्रों बाण चलाए तुरंत ही
रावण को छलनी कर डाला

अति क्रोधित हो गया दशानन
ब्रह्मा जी का अस्त्र निकाला।

लगी वो शक्ति लक्ष्मण जी को
तुरंत ही उनको मूर्छा आई
रावण चला उन्हे उठाने
सारी अकल ठिकाने आई
नहीं जानता उनकी महिमा
जो धरती को धारा करते हैं
ये स्वयं ही वो शेषनाग है
जो सृष्टि को तारा करते हैं।

लक्ष्मण जी को उठा हनुमान
प्रभु राम के पास ले आए
मूर्छित देखा भाई को जब
प्रभु ने ये वचन सुनाए
हे अनुज ये बात जान लो
तुम काल के भी भक्षक हो
सारी सृष्टि को है थामा
तुम सब देवों के रक्षक हो।

ये बात सुनी तो मूर्छा टूटी

ले धनुष बाण फिर दौड़ लिए

रावण पर पुनः आक्रमण कर

कितने ही बाण फिर छोड़ दिए

अब रावण गिरा व्याकुल होकर

सारथी ने उसको थाम लिया

ले चला वापस लंका की और

सबने प्रभु का नाम लिया।

रावण ने यज्ञ करने की ठानी

मद में चूर था वो अभिमानी

रघुनाथ की हार वो मांगे

ये कैसी इच्छा थी बेमानी

तीन लोक के स्वामी हैं वो

सबका वो पालन करते हैं

उनसे है टकराया जो की

सबका रक्षण करते हैं।

वानरों ने लंका में घुस

यज्ञ तहस नहस कर डाला

अत्यंत क्रोध में आया रावण

छूट गई सब कंठी माला
सारे अमंगल को अनदेखा
कर वो रण की ओर चला
काल का फैला मायाजाल था
समझ ना पाए बुरा भला।

देवलोक के सब देवों ने
प्रभु राम की स्तुति गाई
अंत करो अब इस पापी का
सब पर कृपा करो रघुराई
मुस्कुरा के प्रभु चल निकले
धनुष बाण ले हाथों में
सेना में एक लहर दौड़ गई
गर्व था सबके माथों पे।

राक्षसों की सारी सेना का
बस यूं ही नाम मिटा डाला
कटते गिरते भागते दौड़ते
अब ना कोई बचने वाला
बह निकली लहू की नदिया
सब उसमे बह जाता है

हाथी घोड़े रथ सारथी
कोई ना बचने पाता है।

कौवों और गिद्धों ने भी
अलग आतंक मचाया था
जो भी उनको जितना मिल जाए
सब नोच नोच के खाया था
भूत पिशाचों ने भर भर के
लहू में खूब नहाया था
चामुंडा ने भी उस दिन
मन भर के लहू उड़ाया था।

बिन सवारी प्रभु को देखा
देवों में रोष भर आया
देवेंद्र ने सारथी समेत
तुरंत अपना रथ भिजवाया
हुए प्रभु रथ में सुशोभित
एक अलग छटा निराली है
सावधान ऐ दुष्ट दशानन
तेरी मृत्यु आने वाली है।

रावण ने भी ये सब देखा
झट से एक माया रच डाली
रण भूमि में चारों ओर बस
राम लखन दिखते थे खाली
उसकी सारी इस माया का
पल भर में ही नाश किया
एक ही बाण से प्रभु ने
माया का पर्दा फाश किया।

अपने मद में चूर था रावण
अहम में डूबा बांटे ज्ञान
जिन वीरों को तुमने मारा
उसमे कोई नहीं मुझ समान
खर दूषण को मारा तुमने
भाई और पुत्र का छीना मान
पर मुझसे तू बच ना पायेगा
में हुं त्रिलोकी रावण महान।

ये सब सुन प्रभु मुस्काए
उसको एक नीति समझाए
नर के होते तीन प्रकार

कर्म से अपना परिचय करवाए

एक वो हैं जो कि बोला करते

दूजा वो जो बोला कर जाएं

और तीजा वो जो कुछ ना बोलें

बिन बोले ही सब कर जाएं।

क्रोध में भरकर लंकापति ने

वज्र रूपी सहस्त्रों बाण चलाए

रघुनाथ ने अग्नि बाण से

क्षण भर में ही सब मिटाए

एक धरम पताका पर बैठा था

एक अधर्म का था ध्वज लहराए

एक ओर थे मर्यादा पुरुषोत्तम

और दूजा दुष्ट दशानन कहलाए।

दोनो के ही धनुष बाण से

भीषण टंकारें आती थी

डोल गई थी सारी धरती

सब दिशाएं कांप जाती थी

दोनो ही थे ज्ञान के सागर

दोनो ही अति शूरवीर थे

पर रावण का अंत तो होना था
सृष्टि के नैना अधीर थे।

प्रभु राम के बाणों ने रावण
के सिर और भुजा को काट दिया
फिर जो हुआ वो अचंभा था
था महादेव ने वरदान दिया
सिर कटते ही नव हो जाते
ऐसा ही बारम्बार हुआ
क्षण भर में रण भूमि में
उसके शीशों का अंबार हुआ।

अपने शीशों का अंबार देख कर
रावण अति क्रोधित हो आया
क्या करता और वो कपटी
फैला दी तुरंत अनोखी माया
हर ओर बस रावण ही दिखता
वानर सेना का पौरुष घबराया
मुस्कान बिखेरे खड़े रघुराई
एक ही बाण से स्वांग मिटाया।

रावण ने भी पलटवार कर
विभीषण पर एक बाण चलाया
प्रभु ने उसको ओट में लेकर
अपनी देह पर बाण वो खाया
अपने आराध्य को देख कर मूर्छित
विभीषण गदा लेकर भागे
कितने ही अपशब्द सुनाए
पहुंच गए रावण के आगे।

मुनि मनुष्य नाग और देवता
सबका तू करता विरोध है
पर महादेव का परम भक्त है
यही तेरे अंत में अवरोध है
काल खड़ा है तेरे सिर पर
अब कुछ ना हो पाएगा
जो राम नाम से विमुख है इतना
उसको कौन बचाएगा।

किंतु एक अकेला रावण भी
युद्ध में सब पर भारी था
हजारों योद्धा उससे लड़ते

पर वो स्वयं कई हज़ारी था
सारे वानर योद्धाओं को
एकाकी उसने पस्त कर डाला
थक कर वो भी चूर हो गया
पर नहीं था पीछे हटने वाला।

हुई भोर फिर रावण ने
युद्ध का बिगुल बजा दिया
वानर सेना को व्याकुल करने
एक माया का खेल सजा दिया
भूत पिशाचों से रण भूमि
बस भरी दिखाई देती थी
पकड़ो मारो खून पी जाओ
यही ध्वनि सुनाई देती थी।

रावण भी था वेदों का ज्ञाता
यही एक पासा पास बचा था
अपनी निश्चित मृत्यु को टालने
उसने ये अंतिम खेल रचा था
पर उस नियति के चक्के से
कोई ना बचने पाता है

जो आता है इस धरती पे
एक ना एक दिन जाता है।

विभीषण ने प्रभु राम को
उसकी मृत्यु का राज़ बताया
नाभि में अमृत कुंड है
भीषण तप से इसने पाया
जब तक इसके भीतर है वो
कोई मार ना इसको पाएगा
जो इस अमृत का नाश हो गया
तो ये कुछ ना कर पाएगा।

ये सुनते ही रघुनाथ ने
भीषण बाण का आह्वान किया
लगी डोलने ये सारी धरती
सारी सृष्टि को हैरान किया
मंदोदरी का हृदय था रोता
ये बादल लहू बरसाते थे
अंबर से बिजली थी गिरती
स्वयं देवता भी घबराते थे।

बाण चढ़ाकर फिर छोड़ दिए
चले कालसर्प रावण की ओर
एक बाण से अमृत था सोखा
टूटी उसके जीवन की डोर
बाकी बाणों ने फिर उसके
सिर और भुजाएं काट दिए
धड़ खड़ा रह गया रणभूमि में
सब अहम के अस्तर काट दिए।

रावण जब गिरा धरती पर
एक लहर खुशी की दौड़ गई
तीन लोक की सारी निगाहें
प्रभु श्री राम की ओर गई
जिस कारण अवतार लिया था
वो कार्य सार्थक कर डाला
रावण नाम का कलंक लगा था
धरती के सिर से धो डाला।

नाच उठी दसों दिशाएं
नदिया पर्वत झरने गाएं
कई युगों से डरे हुए थे

खुल के पंछी पंख फहराएं
शंखनाद की गूंजों का
संगीत बड़ा निराला था
सारी सृष्टि जश्नमयी थी
ये जश्न ना रुकने वाला था।

सबके बीच खड़े रघुराई
मंद मंद मुस्काते थे
मुख पर तेज सिर पर जटाएं
हर दिल को सुख दे जाते हैं
वो जैसे सृष्टि का सूरज
सबके जीवन का स्त्रोत हैं
हर कोई बस उनको चाहे
हुए भक्ति से ओत प्रोत हैं।

मातम था लंका में छाया
हर ओर बस चीख पुकार थी
स्वर्ण नगरी में ये दिन आया
वक्त की कुछ ऐसी मार थी
जिस रावण के समक्ष देवगण
क्षण भर ना टिक पाते थे

उसका ऐसा हाल देख कर
नैना मंदोदरी के भर आते थे।

त्रिलोक विजेता था दशानन
अति शूरवीर व ज्ञानी था
अपने संग कुल को ले डूबा
बस दोष यही की अभिमानी था
सारी सृष्टि है जिनको भजती
उनको ना वो जान सका
मनुष्य रूप में अवतारी हैं
प्रभु को ना पहचान सका।

विभीषण ने आज्ञा पाकर
रावण का दाह संस्कार किया
परम धाम में भेजा उसको
प्रभु ने उसका उद्धार किया
वानरों संग लखन को भेजा
विभीषण का अभिषेक करवाया
सौंप दी उसको सोने की लंका
सबको सौहाद्र का पाठ पढ़ाया।

प्रभु राम ने हनुमान बुलाए

उनको मन की बात बताए

यह मन विरह में रोता है

बस जानकी की याद सताए

हे हनुमान तुम लंका जाओ

सारी कथा तुम उन्हे सुनाओ

उनकी सारी सकुशल लेकर

शीघ्र अतिशीघ्र वापस आओ।

हनुमान ने लंका जाकर

सब सीताजी को कह सुनाया

रावण के सारे कुल का

हुआ विनाश ये सब बताया

पुलकित हो गई सुनकर माता

आंखों में अश्रु भर आए

और नहीं कोई चाहत मन में

मेरे प्रभु मुझको मिल जाएं।

सीता मां की सारी बातें

प्रभु राम को जा बतलाई

व्याकुल बैठी बगिया में वो

उनका दुख हरो रघुराई
प्रभु ने आदेश सुनाया
विभीषण अंगद को जाने को
हनुमत को भी साथ था भेजा
संग जानकी को लिवाने को।

सीता चली राम की ओर
तीनों लोक में मच गया शोर
सारे देवता पुष्प बरसाएं
हर कोई था भाव विभोर
रीछ वानर दर्शन को आए
बारम्बार वो शीश नवाएं
जगदंबा का आशीष मिले तो
जीवन मरण से तर जाएं।

पर सीता को प्रभु मिल जाएं
एक लीला और रचानी थी
जो करती थी अग्नि में वास
वो सीता बाहर लानी थी
प्रभु ने बोलकर कुछ कटु वचन
एक अजब ही खेल रचाया था

अभी देनी है अग्नि परीक्षा
सबको ये आदेश सुनाया था।

सारे जग की जननी हैं वो
सारे जग की माता हैं
प्रभु लीला से अनभिज्ञ नहीं
वो सब भेदों की ज्ञाता हैं
प्रभु को मन में रख कर
पवित्र अग्नि में प्रवेश किया
उस छायाचित्र उस प्रतिबिंब को
उसी अग्नि में समावेश किया।

अग्नि देव ने शीश झुकाकर
सीता मां प्रभु को लौटाई
हर्ष भर आया सृष्टि में जब
विराजे सीता संग रघुराई
अंबर से पुष्पों की वर्षा होती
वो छटा अलग निराली थी
सब नैनों में अश्रु भर गए
वो घड़ी ना मिटने वाली थी।

देवों ने मंगल गान किया
संग प्रभु का गुणगान किया
कपटी कामी दुष्ट रावण से
इस सृष्टि को अभय दान दिया
तुम ही मत्स्य तुम की कच्छप
तुम ही वराह नरसिंह वामन
तुमने ही बनकर परशु कृष्णा
सारे संसार का कल्याण किया।

तुम हो अजन्मा और अनादि
तुम करुणा की खान हो
असीम बाहुबली के स्वामी
तुम समस्त गुण और ज्ञान हो
दीनों पर तुम दया हो करते
दुष्टों के तुम प्राण हो हरते
सारे जग के पालक तुम हो
खुद शिव भी तेरी पूजा करते।

विभीषण बोले हाथ जोड़कर
मुझ पर एक उपकार कीजिए
चल कर इस लंका नगरी को

कर कमलों से कृतार्थ कीजिए
मैं पापी दीन बुद्धिहीन
फिर भी मुझको अपनाया
भक्ति का दान मुझे दिया है
जीवन का फल मैंने पाया।

ये सुन प्रभु के नैना भर आए
विभीषण को लिए गले लगाए
तुम्हारी विनती सर आंखों पर
किंतु भरत की याद सताए
मेरे कारण सब छोड़ के बैठा
चित्रकूट में ही रहता है
महल विलास सब त्याग दिए हैं
वर्षा गर्मी सब सहता है।

अवधि यदि ये बीत गई तो
क्या मुंह लेकर मैं जाऊंगा
समय पर मैं ना पहुंचा तो
भाई को जीता ना पाऊंगा
इसीलिए यह प्रेम निमंत्रण
स्वीकार नहीं कर पाऊंगा

हे सखा उपाय करो कुछ
कि अपना भ्रातृ धर्म निभाऊंगा।

विभीषण ने पुष्पक विमान मंगाया
राम लखन सिया को बैठाया
अंगद नल नील हनुमान सहित
प्रभु चरणों में शीश नवाया
संग चलने की आज्ञा पाकर
सब लोगों का दिल हर्षाया
तदपश्चात प्रभु राम ने
उत्तर दिशा में विमान चलवाया।

उत्तर कांड

वनवास की अवधि बीत रही
प्रभु वापस क्यों ना आते हो
हर आंख का पानी सूख गया
तुम कितना हमें रुलाते हो
अयोध्या का सारा जन मानस
इंतजार ही बस करता है
प्रभु के दर्शन पाने को
हर पल में पल पल मरता है।

भरत सोचें बैठे मन में
एक दिन शेष प्रभु मिलन में
आए नहीं क्यों नाथ अभी तक
क्या मुझे भूला दिया है वन में
लक्ष्मण बड़े ही बडभागी थे
जो प्रभु ने उनको साथ लिया
शायद मुझको दोषी है माना
इस कारण ना मेरा हाथ लिया।

पर स्वभाव के कोमल हैं वो
दुखियों के दुख हर्ता हैं
उसको अपनी शरण में लेते

जो सच्ची प्रीति करता है
है यकीन ये मुझको मन में
प्रभु के दर्शन पाऊंगा
जब आयेंगे सामने मेरे
चरणों में गिर जाऊंगा।

हनुमत पहुंचे ब्राह्मण बनकर
भरत को ये संदेश सुनाया
जिसके प्रेम में रहते हो डूबे
उससे मिलन का समय है आया
चौदह बरस का वनवास काटकर
कर डाले पूरण कितने काम
रावण वध कर के हैं आते
सीता संग प्रभु श्री राम।

ये सुन भरत की बांछे खिल गई
भूल गए सब सुबह और शाम
हे नाथ कहां से आए हो
कौन हो तुम क्या है नाम
में पवन पुत्र हुं वानर हुं
कहते हैं मुझको हनुमान

दास हुं मैं प्रभु राम का
उनके चरणों में ही ध्यान।

भरत का सारा हाल चाल

प्रभु राम को कह सुनाया

हर्षित होकर प्रभु राम ने

अयोध्या की ओर कदम बढ़ाया

भरत ने भी अयोध्या जाकर

सबको शुभ समाचार सुनाया

करो महा स्वागत की तैयारी

अवध का भाग्य लौट कर आया।

पुलकित हो गई नगरी सारी

झूम उठे सब नर नारी

नाचें गाएं खुशी मनाएं

लौट आए हैं अवध बिहारी

राहों पर बैठे पलक बिछाए

कैसे भी हो झलक मिल जाए

चौदह बरसों का है इंतजार

जरा भी और सहा ना जाए।

अवध पुरी का मौसम भी कुछ

चंचलता दिखलाता था

अठखेलियों में लगा था सूरज

कभी दिखता कभी छुप जाता था

हवाएं सारी महक उठी

चिड़ियां भी सारी चहक उठी

प्रभु राम हैं आने वाले

सृष्टि सारी लहक उठी।

प्रभु राम की करने अगवानी

कुटुंब वो सारा आया था

वर्षों का वियोग वो सारा

आंखों में उतर आया था

आंखें नम थी खुशियों से

सबका मन हर्षाया था

सौभाग्य तीनों लोक का अब

अयोध्या के हिस्से आया था।

आखिर प्रभु अयोध्या पधारे

ऋषियों को सब शीश नवाएं

आप सब के आशीर्वाद से

राक्षसों का अंत कर पाए

व्याकुल होकर देख रहे थे

भरत से अब सहा ना जाए

गिर गए प्रभु के चरणों में

भर भर के वो आशीष पाएं।

❀

उठाए किसी के नहीं वो उठते

असीम सुख वो पाते हैं

प्रभु उनको उठा कर जबरन

अपने हृदय से लगाते हैं

पुलकित हो गया रोम रोम सब

बह निकली दो अश्रु धारा

शोभनीय था अद्वितीय था

भ्रातृ प्रेम का ये नज़ारा।

❀

अयोध्या वासी सब आतुर थे

झलक राम की पाने को

प्रभु ने एक लीला रच डाली

सबका मन भर जाने को

असंख्य रूपों में प्रकट हो गए

यथा योग्य मिले वो सबसे

सबका मन पावन कर डाला
थे बैठे आस लगाए कब से।

आते देखा जब पुत्रों को
सब्र माताओं का टूट गया
रुका हुआ अश्रु का सागर
एक ही पल में छूट गया
गले लगाया दिया आशीष
सारी दुनिया वारी थी
सिया राम की एक झलक को
सब माताएं बलिहारी थी।

प्रभु राम ने परिजनों को
अपने सखाओं से मिलवाया
इनके ही पौरुष के बल से
अंत दशानन का हो पाया
कदम कदम पर थामा मुझको
हर मुश्किल से उबारा है
परम हितैषी हैं ये मेरे
तन मन मुझ पर वारा है।

अवधपुरी खुशियों से भर गई
प्रभु राम लौट कर आए थे
अपने पुत्र का करने स्वागत
हर आंगन दीप जलाए थे
फूलों से गलियां थी शोभित
रस्ते चंदन से महकाए थे
स्वर्ग के सारे देवगण भी
धरती पर उतर आए थे।

जिस क्षण को धरती तरसी थी
जिस मंगल का रस्ता देखा था
प्रभु राम हों राजा सबके
सब आंखों ने सपना देखा था
वो सपना सच कर जाने को
ऋषि वशिष्ठ ने सभा बुलाई
मौका है प्रभु के तक तिलक का
बनेंगे राजा राम रघुराई।

जनमानस के कल्याण का
शुभ समय अब आया है
वर्षों से था सिंहासन सूना

अपनी किस्मत पर इतराया है
इस ब्रह्मांड के स्वामी को
अयोध्या का राजा कहलाना है
धरम राष्ट्र की होगी स्थापना
ये शुभ समय अब आना है।

जानकी संग श्री राम पधारे
सबको प्रेम सम्मोहित कर डाला
इस मोहपाश में बंध गए सारे
ब्रह्मा हों या हो डमरू वाला
अंबर में बजते ढोल नगाड़े
पुष्पों की वर्षा होती थी
मंत्रों के उच्चारण के संग
सिया राम की जै जै होती थी।

सारे विधि विधान के संग
श्री राम का तिलक कराया
माताओं ने आरती उतारी
सब देवों ने मंगल गाया
किन्नर गंधर्व मस्ती में मगन थे
अप्सराएं भी नृत्य करतीं थी

अपनी किस्मत पर इठलाती
नाचती गाती ये धरती थी।

सिया राम का रूप अलौकिक
सिंहासन पर यूं सजता था
श्याम रंग पर पीताम्बर वस्त्र
कुछ अलग सा ही जंचता था
कमल नैन और चौड़ी छाती
भुजाएं अति बलशाली हैं
जिसको ये दर्शन मिल जाएं
उसको मुक्ति मिलने वाली है।

सब देवों ने मंगल गाकर
एक एक कर प्रस्थान किया
चारों वेदों ने मनुष्य रूप ले
प्रभु लीला का गुणगान किया
तत्पश्चात शंभूधर आए
अपने आराध्य को शीश नवाए
स्तुति करके प्रभु राम की
अपनी किस्मत पर हर्षाए।

हो राम तुम ही हो श्याम तुम ही

देवों के अधिदेव तुम ही हो

रावन के सिर जिसने काटे

सृष्टि के पालनहार तुम ही हो

पृथ्वी के सुंदर आभूषण तुम

इस सूर्य का प्रकाश तुम ही हो

काम क्रोध तृष्णा के नाशक

परम सुखों का धाम तुम ही हो।

जो नित दिन तुमको ध्याता है

वो परम पद पा जाता है

लोभ मान और मद से मुक्ति

मोक्ष उसे मिल जाता है

हे हरि विष्णु मैं तुमको ध्याऊं

चाहत यही बस तुम्हे पा जाऊं

अपनी भक्ति का वर दो मुझको

नित नित मैं ये शीश नवाऊं।

ब्रह्मानंद में सभी मगन थे

प्रभु का बस करते भजन थे

घर बार किसी को याद नहीं

बसेरा वहीं जहां प्रभु चरण थे

प्रभु ने सबको पास बुलाकर

अपनी कृतज्ञता बतलाई

मेरा हर पल साथ दिया है

तुम्हारी किस विधि करूं बड़ाई।

अब तुम अपने घर को जाओ

भक्ति का वर मुझसे पाओ

अपने कुटुंब के संग रहो तुम

घर आंगन को स्वर्ग बनाओ

कोई भी ना कुछ भी बोला

बैठे रहे बस टकटकी लगाए

जब चित्त हो प्रभु चरणों में तो

कहां फिर कुछ और सुहाए।

सबका यूं पावन प्रेम देख कर

प्रभु ने उनपर ज्ञान बरसाया

निर्वाह करो सब अपना जीवन

धरम पथ जो तुम्हे दिखलाया

प्रभु की आज्ञा पाकर वानर

चल पड़े अपने घर की ओर

मन में राम की छवि बिठाकर
बस राम नाम की पकड़े डोर।

हर ओर प्रेम हर ओर धरम
किसी मन में कोई द्वेष नहीं
वेद नीति का सब करते पालन
कहीं पाप जरा भी शेष नहीं
अकाल मृत्यु न किसी की होती
ना पीड़ा में कोई भी प्राणी
ना दरिद्र कोई ना दीन कोई
सुख से पूरण कर एक कहानी।

गुणवान हुए सब नर नारी
कपट से कोसों दूर हैं
अंतर्मन में राम बसे हैं
खिला हर चेहरे पर नूर है
ऋषि मुनियों का आदर होता
यज्ञ होते चारों ओर हैं
हर कोई बस धर्म से चलता
ये नए समय की भोर है।

पशु पक्षी भी निर्भय होकर
वन में विचरण करते हैं
ठंडी मीठी पावन है चलती
भंवरे भी गुंजन करते हैं
ऐसा था वो समय सुनहरा
सब प्रेम आनंद से रहते थे
ऐसा समृद्ध खुशहाल समय वो
जिसे 'रामराज्य' कहते थे।